Alexander Spitzner

Projektmanagement im Handwerksbetrieb umsetzen

Alexander Spitzner

Projektmanagement im Handwerksbetrieb umsetzen

für die praxisnahe Vorbereitung auf den „Geprüften Fachmann/ Geprüfte Fachfrau für kaufmännische Betriebsführung nach der Handwerksordnung"

mit Übungs- und Wiederholungsfragen

2. Auflage 2020

Holzmann Medien | Buchverlag

Das vorliegende Werk enthält in der Regel Berufsbezeichnungen, Gruppenbezeichnungen usw. nur in der männlichen Form. Wir bitten diese sinngemäß als Doppelbezeichnungen, wie zum Beispiel Frau/Mann, Handwerkerin/Handwerker, Meisterin/Meister, Betriebsinhaberin/Betriebsinhaber usw. zu interpretieren und anzuwenden.

Impressum
2. Auflage 2020

Artikel-Nr. 1767.02 | ISBN: 978-3-7783-1530-9
© 2020 by Holzmann Medien GmbH & Co. KG, 86825 Bad Wörishofen

Alle Rechte, insbesondere die der Vervielfältigung, fotomechanischen Wiedergabe und Übersetzung nur mit Genehmigung durch Holzmann Medien.
Das Werk darf weder ganz noch teilweise ohne schriftliche Genehmigung des Verlags in irgendeiner Form (Druck, Fotokopie, Mikrofilm, elektronische Medien oder ähnliches Verfahren) gespeichert, reproduziert oder sonst wie veröffentlicht werden. Diese Publikation wurde mit äußerster Sorgfalt bearbeitet, Verfasser und Verlag können für den Inhalt jedoch keine Gewähr übernehmen.

Lektorat: Achim Sacher, Holzmann Medien | Buchverlag
Umschlaggestaltung: Markus Kratofil, Holzmann Medien | Buchverlag
Bildquellen Umschlag: © contrastwerkstatt - Fotolia.com
Satz: Markus Kratofil, Holzmann Medien | Buchverlag
Druck: Druckerei Steinmeier | Deiningen

Vorwort

Am 1. Dezember 2014 ist die Verordnung über die Prüfung zum anerkannten Fortbildungsabschluss „Geprüfte/r Fachmann/-frau für kaufmännische Betriebsführung nach der Handwerksordnung" in Kraft getreten. In dieser Verordnung werden als Inhalte dieser Fortbildungsprüfung die drei Handlungsbereiche „Wettbewerbsfähigkeit von Unternehmen beurteilen", „Gründungs- und Übernahmeaktivitäten vorbereiten, durchführen und bewerten" sowie „Unternehmensführungsstrategien entwickeln" genannt.

Neben diesen drei Handlungsbereichen, welche die Inhalte zum Teil III der Meisterprüfung im Handwerk und in handwerksähnlichen Gewerben darstellen, wird der Abschluss „Geprüfte/r Fachmann/-frau für kaufmännische Betriebsführung nach der Handwerksordnung" um vier weitere Wahlpflichthandlungsbereiche ergänzt:

- Informations- und Kommunikationstechnologien nutzen,
- Kommunikations- und Präsentationstechniken im Geschäftsverkehr einsetzen,
- Buchhaltung im Handwerksbetrieb unter Einsatz branchenüblicher Software umsetzen und
- Projektmanagement im Handwerksbetrieb umsetzen.

Die drei Handlungsbereiche und einer der vier Wahlpflichthandlungsbereiche sind Prüfungsbestandteile. Bereits bei der Anmeldung zur Prüfung hat der Prüfling den gewählten Wahlpflichthandlungsbereich mitzuteilen.

Dieses Buch beschäftigt sich mit den Inhalten des Wahlpflichthandlungsbereichs

„Projektmanagement im Handwerksbetrieb umsetzen".

Dabei werden zunächst die Grundlagen gelegt und Begrifflichkeiten definiert, ehe Methoden, Verfahren und Techniken der Projektplanung, -steuerung und -kontrolle beschrieben sowie die Vorgehensweise eines erfolgreichen Projektabschlusses erläutert werden. Zudem wird die Notwendigkeit von Kommunikations- und Konfliktlösungskompetenzen in Projekten hervorgehoben.

Bei den Ausführungen wird auf den Aufbau von Handlungs- und Problemlösungskompetenzen aufseiten der Lernenden abgezielt. Obwohl sich die Voraussetzungen, die Ziele und die Art der Durchführung von Projekten je nach Tätigkeitsfeld deutlich unterscheiden, wird versucht, den Lernenden neben den Begrifflichkeiten die praktischen Anwendungsmöglichkeiten der Methoden und Techniken im Projektmanagement näherzubringen. Diese sollen später in der Praxis, auf die jeweilige Handlungssituation bezogen, passgenau angewendet werden können.

Nach den Erläuterungen folgen jeweils am Ende der Kapitel Wiederholungsfragen, die sowohl im Unterricht als auch im Selbststudium eingesetzt werden können. Durch diese Wiederholungsfragen wird eine lernprozessbegleitende Kontrolle genauso ermöglicht wie eine rationelle Vorbereitung auf die Prüfung.

Wir wünschen Ihnen bei der Vorbereitung und Ablegung Ihrer Prüfungen viel Erfolg.

November 2020

Der Autor und
Holzmann Medien | Buchverlag

Inhalt

Wahlpflichthandlungsbereich: Projektmanagement im Handwerksbetrieb umsetzen — 11

1. Projekt initiieren und definieren — 11

    1.1 Bedeutung des Projektmanagements — 11

    1.2 Interdisziplinarität im Projektmanagement — 12

    1.3 Merkmale eines Projekts — 15

    1.4 Zentrale Begriffe — 16

    1.5 Akteure im Projekt — 17
    - 1.5.1 Auftraggeber — 17
    - 1.5.2 Projektleiter — 18
    - 1.5.3 Projektcontroller — 18
    - 1.5.4 Projektteam — 19
    - 1.5.5 Steuerungs-/Lenkungsgremium — 19
    - 1.5.6 Projektumfeld/Stakeholder — 19

    1.6 Projektstart — 20
    - 1.6.1 Projektideen — 20
    - 1.6.2 Kreativitätstechniken — 20

    1.7 Projektantrag — 22

    1.8 Projektskizze — 23

    1.9 Projektauftrag — 23

    Wiederholungsfragen — 25

2. Projekt planen — 27

    2.1 Projektorganisationsformen — 27
    - 2.1.1 Stabs-Projektorganisation — 27
    - 2.1.2 Matrix-Projektorganisation — 29
    - 2.1.3 Reine Projektorganisation — 31

2.2 Ziel- und Umfeldplanung — 33
2.2.1 Zielplanung — 33
2.2.2 Umfeldplanung — 37

2.3 Projektstrukturplanung — 38
2.3.1 Phasenplan — 38
2.3.2 Projektstrukturplan (PSP) — 41

2.4 Ablauf- und Terminplanung — 45
2.4.1 Vorgangsliste — 46
2.4.2 Netzplantechnik — 48
2.4.3 Balken-/Gantt-Diagramm — 54

2.5 Einsatzmittelplanung — 56
2.5.1 Einsatzmittel/Ressourcen — 57
2.5.2 Einsatzmittelliste — 57
2.5.3 Einsatzmittelplan/Ressourcen-Belastungs-Diagramm — 58
2.5.4 Reaktionsmöglichkeiten — 59

2.6 Kosten- und Finanzplanung — 60
2.6.1 Kostenplanung — 60
2.6.2 Finanz-/Liquiditätsplanung — 60

2.7 Risikomanagement — 61
2.7.1 Identifizieren der möglichen Risiken — 61
2.7.2 Bewerten der identifizierten Risiken — 62
2.7.3 Planung von Gegenmaßnahmen — 63
2.7.4 Überwachen und Steuern der Risiken — 63

2.8 Softwareeinsatz im Projektmanagement — 64
2.8.1 Standardansicht „Gantt-Diagramm" — 64
2.8.2 Ansicht „Ressource: Tabelle" — 67
2.8.3 Ansicht „Netzplandiagramm" — 69
2.8.4 Anpassung an projektspezifische Gegebenheiten — 69

2.9 Anforderungen an Projektleiter und Projektmitarbeiter — 71

Inhalt

- 2.10 Externe Akteure ... 72
- Wiederholungsfragen ... 73

3. **Projektdurchführung überwachen und steuern** ... 77
   - 3.1 Projektkontrolle und -steuerung ... 77
     - 3.1.1 Ist-Situation erfassen ... 79
     - 3.1.2 Soll-Ist-Vergleich durchführen ... 82
     - 3.1.3 Steuerungsmaßnahmen durchführen ... 85
   - 3.2 Qualitätssicherung und Fehlervermeidung ... 86
     - 3.2.1 Grundlagen für Qualität ... 87
     - 3.2.2 Dokumentation und Berichterstattung ... 87
   - Wiederholungsfragen ... 89

4. **Projektteam zusammenstellen und führen** ... 91
   - 4.1 Kommunikation im Projektablauf ... 91
     - 4.1.1 Sender-Empfänger-Modell ... 91
     - 4.1.2 Kommunikation nach Watzlawick ... 92
     - 4.1.3 Eisbergmodell ... 93
     - 4.1.4 Vier-Ohren-Modell ... 94
     - 4.1.5 Tipps zur Verbesserung des Kommunikationsverhaltens ... 96
     - 4.1.6 Kommunikationsformen in Projekten ... 97
   - 4.2 Konfliktmanagement in Projekten ... 98
     - 4.2.1 Entstehung von Konflikten ... 98
     - 4.2.2 Eskalationsmodell nach Friedrich Glasl ... 99
   - 4.3 Verhalten bei Widerständen und Krisen ... 100
     - 4.3.1 Chancen und Vorteile von Konflikten ... 100
     - 4.3.2 Konfliktlösung nach dem Harvard-Konzept ... 101
     - 4.3.3 Konfliktgespräche ... 102
   - 4.4 Teambuilding und Umgang mit Mitarbeitern ... 103
     - 4.4.1 Autoritärer Führungsstil ... 103

	4.4.2 Kooperativer Führungsstil	103
	4.4.3 Laissez-faire-Führungsstil	104
4.5	**Teamentwicklung im Projekt**	**104**
	4.5.1 Phase 1 „Forming"	105
	4.5.2 Phase 2 „Storming"	105
	4.5.3 Phase 3 „Norming"	105
	4.5.4 Phase 4 „Performing"	106
	4.5.5 Phase 5 „Adjourning"	106
4.6	**Motivation**	**106**
4.7	**Relevanz von Projektmeetings**	**107**
	4.7.1 Kick-off-Meeting	108
	4.7.2 Regelmäßige Projektsitzungen	108
	4.7.3 Organisation und Moderation von Besprechungen	109
	Wiederholungsfragen	**110**

5. Projekt abschließen — 113

5.1	**Projektabschluss**	**113**
	5.1.1 Abschlussbericht	113
	5.1.2 Abschlussworkshop	114
5.2	**Abnahme und Projektkontrolle**	**114**
	5.2.1 Projektabnahme	114
	5.2.2 Projektkontrolle	115
5.3	**Projektdokumentation**	**116**
5.4	**Projektpräsentation**	**117**
5.5	**Projektlernen**	**118**
	Wiederholungsfragen	**120**

Lösungen zu den Wiederholungsfragen — 121

Stichwortverzeichnis — 123

Wahlpflichthandlungsbereich: Projektmanagement im Handwerksbetrieb umsetzen

1. Projekt initiieren und definieren

Kompetenzen

> Projektanlass definieren.
> Zielsetzung des Projekts festlegen und hinterfragen.
> Interessen von möglichen Partner und Betroffenen abwägen.
> Ideensammlung zur Lösung der Problemstellung durchführen.
> Projektkonzept erstellen.

1.1 Bedeutung des Projektmanagements

Projekte bestimmen mehr und mehr unseren Arbeitsalltag. In vielen Bereichen nehmen Projekte einen immer größeren Raum ein, und die Durchführung von Leistungen verlagert sich von der Linienstruktur hin zu einer projektorientierten Abwicklung.

Auch die Weiterentwicklung von Unternehmen (z. B. Umstrukturierungen, Neuausrichtungen, Einstieg in neue Geschäftsfelder etc.) wird mehr und mehr über Projekte abgewickelt. Dazu ist der Aufbau von Wissen und Erfahrungen im Projektmanagement notwendig, um bei dieser Entwicklung Schritt halten zu können.

Die Gründe für die steigende Bedeutung von Projekten und damit von Projektmanagement sind vielfältig und haben in den letzten Jahren bzw. Jahrzehnten an Einfluss gewonnen:

Notwendigkeit von Projekten

> **Kürzere Halbwertszeiten durch rasante technische Entwicklung**
> Durch die immer schneller fortschreitende technische Entwicklung in vielen Bereichen entsteht die Notwendigkeit, schnell und flexibel zu reagieren, um wettbewerbsfähig zu bleiben.

> **Steigende Komplexität**
> Die Globalisierung und der damit erhöhte Wettbewerbsdruck, aber auch die steigende Bedeutung bürokratischer Hürden erfordern einen ganzheitlichen Blick auf Veränderungen. Es müssen viele Faktoren in die Entscheidungen mit aufgenommen werden, wenn am Ende eine erfolgreiche Umsetzung stehen soll.

1. Projekt initiieren und definieren

> **Spezialwissen**
> Durch die beiden zuvor beschriebenen Punkte zeigt sich, dass für viele Bereiche Spezialisten mit einbezogen werden müssen, um erfolgreich zu sein. Die Teamarbeit in Projekten ist dafür ein hervorragender Rahmen, der die Zusammenarbeit von Experten verschiedener Bereiche fördert.

Die angeführten Punkte zeigen deutlich auf, dass die Arbeit in Projekten in einem modernen Arbeitsumfeld notwendig und nützlich ist.

Projektmanagement

> Die DIN 69901 definiert Projektmanagement als die „Gesamtheit von Führungsaufgaben, -organisation, -techniken und -mitteln für die Initiierung, Definition, Planung, Steuerung und den Abschluss von Projekten".

Um Projekte also erfolgreich abwickeln zu können, müssen in einem ersten Schritt die organisatorischen Voraussetzungen dafür geschaffen werden, um die Führungsmethoden und die Techniken des Projektmanagements von der Projektinitiierung über die Projektplanung und Projektsteuerung bis hin zum Projektabschluss sinnvoll anwenden zu können.

1.2 Interdisziplinarität im Projektmanagement

Bei der Frage nach Projekten kommen sofort diverse (und oftmals auch problembeladene) Beispiele in den Sinn, wie z. B. der (stark verzögerte) Bau des Berliner Flughafens oder die Probleme bei der Realisierung des Bahnhofs „Stuttgart 21". Aber nicht nur solche Mammutprojekte erfordern Projektmanagement.

Auch in kleinerem Rahmen, der allerdings immer noch für die Entwicklung und den Fortbestand von Unternehmen entscheidend sein kann, werden Projekte genutzt, so z. B. bei der Entscheidung für oder gegen den Bau eines neuen Prototyps, bei der Umgestaltung der organisatorischen Unternehmensstruktur oder bei der Entwicklung eines Marketingkonzepts.

Und schließlich zeigt sich auch im privaten Bereich immer wieder, dass Kenntnisse und Erfahrungen in Projekten nützliche Anwendung finden können – egal ob die nächste Geburtstagsfeier geplant oder ob die Küche renoviert werden soll.

All diese Beispiele, so unterschiedlich sie auch sein mögen, haben eines gemeinsam: Der Unterschied zwischen einer erfolgreichen Durchführung und einem Scheitern des Projektes liegt (auch) im richtigen und konsequenten Einsatz der Projektmanagementmethoden.

1.2 Interdisziplinarität im Projektmanagement

Was muss ein kompetenter Projektleiter leisten, um ein Projekt erfolgreich durchführen und abschließen zu können?

Projektleiter

Es können zwei verschiedene Kompetenzbereiche eines Projektleiters unterschieden werden:

> **Methodenkompetenz**
> In den nachfolgenden Kapiteln werden eine Vielzahl an Methoden, Techniken und Prozessen des Projektmanagements aufgeführt, die für eine erfolgreiche Projektabwicklung hilfreich sein können. Egal, ob bei der Initialisierung von Projekten, bei der Planung und Steuerung oder auch in Bereichen wie der Projektkommunikation oder -dokumentation – die Möglichkeit der einsetzbaren Methoden und Techniken ist dabei nahezu unendlich.
> Die Kenntnis dieser Methoden und Techniken, aber vor allem auch die richtige und sinnvolle Anwendung ist für einen erfolgreichen Projektleiter von entscheidender Bedeutung.
> So unterschiedlich die oben aufgeführten Beispiele für Projekte sind, so unterschiedlich ist auch die Notwendigkeit, einzelne Methoden in ihrer gesamten Komplexität, stark vereinfacht oder auch gar nicht einzusetzen.
> Das bedeutet, dass beispielsweise die Netzplantechnik (vgl. Kapitel 2.4.2) für ein zeitkritisches Projekt (z. B. für die Planung einer Geburtstagsfeier oder die Entwicklung und Fertigstellung eines Prototyps vor den Mitbewerbern) unbedingt notwendig ist, während sie für ein anderes Projekt (z. B. Küchenumbau) vernachlässigt werden kann, wenn hier der Zeitdruck eine etwas untergeordnete Rolle spielt, dafür aber z. B. Qualitäts- oder Kostenanforderungen im Vordergrund stehen.
> Es macht somit keinen Sinn, eine Methode nur zum Selbstzweck anzuwenden, wenn eine einfachere Methode zur Verfügung steht, die ein vergleichbares Ergebnis liefert.

Methodenkompetenz

> **Verhaltenskompetenz**
> Neben der Kenntnis und der sinnvollen Anwendung der Methoden und Techniken des Projektmanagements stellt die Verhaltenskompetenz des Projektleiters in Projekten eine entscheidende Komponente dar.
> Ein Projektleiter ist für die Führung und Motivation seiner Projektmitarbeiter verantwortlich, gleichzeitig fördert er das (selbst)organisierte Arbeiten im Projektteam wie auch die Kreativität. Der Projektleiter wird auch immer wieder als Konfliktlöser und Entscheider gefordert sein.
> Auch für diese Situationen gibt es unzählige Methoden und Techniken, die den Projektleiter bei seinen Aufgaben unterstützen – allerdings muss auch hier darauf geachtet werden, die soziale Kompetenz zu entwickeln, um im entscheidenden Moment die richtige Methode auszuwählen und einzusetzen.

Verhaltenskompetenz

Die obigen Ausführungen zeigen, dass ein Projektleiter in den verschiedensten Disziplinen Experte sein sollte: Er ist gleichzeitig Planer, Entscheider, Motivator, Anführer, Teammitglied, Chef, Moderator, Konfliktlöser usw.

Rollen eines Projektleiters

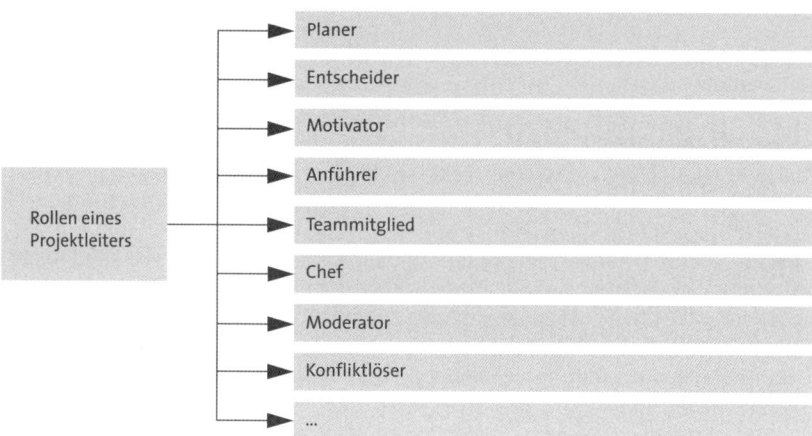

Diese Fähigkeiten und Kompetenzen können bis zu einem bestimmten Grad angelernt bzw. antrainiert werden, die Sicherheit und Professionalität ergibt sich dann aber auch in hohem Maße aus der Erfahrung im Umgang mit Projekten und Projektteams.

Fachübergreifende Zusammenarbeit

Allerdings kann ein Projektleiter natürlich nicht alle Rollen und Aufgaben im Projektmanagement selbst besetzen. Gerade der zunehmende Umfang und die gestiegene Komplexität von Projekten erfordern eine **interdisziplinäre (= fachübergreifende) Zusammenarbeit** von Personen aus unterschiedlichen Bereichen, Abteilungen, Unternehmen oder Institutionen. Diese Zusammenarbeit benötigt Regeln und Strukturen, die zu Beginn des Projektes festgelegt werden müssen – hier ist wiederum der Projektleiter gefordert.

Beispiel:

Ein Projektleiter kann nicht fachlicher Experte in sämtlichen Bereichen des Projektes sein, noch dazu wird im Projekt sicher auch die Zeit fehlen, um detailliert in alle Fachthemen einzusteigen.

Hier sollte bei der Zusammenstellung des Projektteams darauf geachtet werden, Fachexperten einzubinden, die das nötige Wissen und die notwendigen Kompetenzen mitbringen, um den Projektleiter unterstützen und entlasten zu können.

Gleichzeitig muss der Projektleiter aber natürlich auch bereit sein, „loszulassen" – also seinen Mitarbeitern die erforderlichen Freiräume zu geben und ihrem Expertenwissen zu vertrauen.

1.3 Merkmale eines Projekts

In den bisherigen Ausführungen wurde die steigende Bedeutung von Projekten sowohl im geschäftlichen und unternehmerischen wie auch im privaten Bereich dargelegt. Gleichermaßen entsteht aber auch der Eindruck, der Begriff „Projekt" wird teilweise inflationär für nahezu jedes Vorhaben verwendet, das ein Unternehmen oder eine Person in Angriff nimmt. Der nachfolgende Abschnitt legt deshalb fest, was unter einem Projekt zu verstehen ist und welche Merkmale gelten müssen, damit ein Projekt auch wirklich ein Projekt ist.

Merkmale eines Projekts

Projektmerkmale

Die DIN 69901 definiert ein Projekt weiterhin als „Vorhaben, das im Wesentlichen durch die Einmaligkeit, aber auch Konstante der Bedingungen in ihrer Gesamtheit gekennzeichnet ist, wie z. B. Zielvorgabe, zeitliche, finanzielle, personelle und andere Begrenzungen; Abgrenzung gegenüber anderen Vorhaben; projektspezifische Organisation".

Definition „Projekt"

In dieser **Definition** stecken die charakteristischen Merkmale für ein Projekt:

> **Einmaligkeit**
> Die Bedingungen von Projekten sind einmalig, d. h., in dieser Zusammenstellung waren etwa die Ausgangslage, die zu erreichenden Ziele, das Projektteam usw. bisher noch nicht gegeben. Dabei muss aber immer die Sichtweise unterschieden werden: So kann beispielsweise der Innenausbau eines Hauses für einen Handwerksbetrieb Routinegeschäft darstellen. Für den privaten Bauherrn jedoch kann (und wird) hier das Merkmal der Einmaligkeit durchaus gegeben sein.

Einmaligkeit

> **Zielvorgabe**
> Ein Projekt hat eine exakt beschriebene und messbare Zielvorgabe, um am Ende des definierten Zeitraums entscheiden zu können, ob das Projektziel erreicht worden ist – das Projekt also erfolgreich war oder nicht.

Zielvorgabe

Zeitliche Befristung	**› Zeitliche Befristung** Jedes Projekt hat einen klar definierten Anfang und ein klar definiertes Ende.
Budgetbegrenzung	**› Finanzielle, personelle und andere Begrenzungen** Es steht ein begrenztes Budget zur Verfügung, das im Projekt verplant werden kann. Auch die Anzahl an Mitarbeitern, Material usw. ist vorgegeben. Mit den gegebenen Mitteln muss im Projekt also „gehaushaltet" werden.
Projektspezifische Organisation	**› Projektspezifische Organisation** Projekte werden in (interdisziplinären) Projektteams durchgeführt. Die alleinige Arbeit einer Person an einem Vorhaben stellt daher kein Projekt dar.

Weitere Merkmale von Projekten sind:

Komplexität	**› Komplexität** In einem Projekt müssen eine Vielzahl von Faktoren und deren Wirkungen untereinander berücksichtigt und eingeplant werden, und es muss flexibel darauf reagiert werden.
Innovatives Ergebnis	**› Innovatives Ergebnis** Das Ergebnis eines Projekts besitzt einen Neuigkeitswert – es soll also ein neues Produkt, ein neuer Produktionsprozess, eine neue Organisationsstruktur o. Ä. entstehen.
Risiko	**› Risiko** Aufgrund der zuvor beschriebenen typischen Merkmale eines Projektes ergibt sich als weiteres Merkmal die Risikobehaftung. Die Abkehr von standardisierten Routineaufgaben und die Zuwendung zu einer einmaligen, komplexen, innovativen und ressourcenbegrenzten Zielvorgabe gehen aufgrund der fehlenden Erfahrungswerte automatisch mit einem erhöhten Risiko des Scheiterns einher. Daher bedarf es in Projekten einer sorgfältigen Planung, Überwachung und Steuerung, um dieses Risiko zu minimieren.

Damit ein Vorhaben als Projekt gelten kann, müssen die oben genannten Punkte erfüllt sein. Sicherlich gibt es hier aber in vielen Bereichen Diskussionsspielraum bei der Bewertung – etwa inwieweit einem Vorhaben einmalige Bedingungen zugrunde liegen oder diese doch in vergleichbarer Form schon in der Vergangenheit vorhanden waren.

1.4 Zentrale Begriffe

Im Projektmanagement hat sich eine Vielzahl von Fachbegriffen entwickelt, die zum Teil dem normalen Sprachgebrauch entstammen oder mittlerweile in den normalen Sprachgebrauch Einzug gehalten haben. Viele dieser Begriffe haben ihren Ursprung im Englischen, wie Meilensteine (Milestones), Kick-off-Meeting, Stakeholder usw. Sie beschreiben exakte Bereiche des Projektablaufs oder des Projektmanagements. Diese Begriffe werden in den jeweiligen Abschnitten im Zusammenhang vorgestellt und erläutert.

Einen zentralen Ausgangspunkt im Projektmanagement stellen allerdings die verschiedenen **Projekttypen** dar, die im Folgenden definiert werden sollen.

Generell wird zwischen drei Grundtypen von Projekten unterschieden:

> Unter **Investitionsprojekten** versteht man Projekte, die den (Anlagen-)Bau zum Ziel haben, also z. B. die Errichtung einer neuen Produktionshalle oder den Bau des neuen Berliner Flughafens. Investitionsprojekte erfordern meist einen großen Anteil an Investitionen, wobei sehr oft der Return on Investment im Vordergrund steht.

Investitionsprojekte

> **Organisationsprojekte** hingegen betreffen vorrangig die Veränderung von sozialen Systemen oder Organisationseinheiten. Als Beispiele wären hier Umstrukturierungen innerhalb eines Unternehmens, aber auch Fusionen oder Kooperationen zwischen mehreren Unternehmen zu nennen.

Organisationsprojekte

> Schließlich sind noch **Forschungs- und Entwicklungsprojekte** (F+E-Projekte) zu nennen. Dabei steht die Entwicklung von neuen Produkten oder auch Prozessen im Vordergrund, wie z. B. die Entwicklung einer neuen Software oder eines neuen Produktionsverfahrens. Die Ergebnisse eines F+E-Projekts sind oftmals zu Projektbeginn noch nicht exakt zu bestimmen. Deshalb ist dieser Projekttyp in der Regel auch sehr risikobehaftet.

Forschungs- und Entwicklungsprojekte

1.5 Akteure im Projekt

In Abschnitt 1.3 „Merkmale eines Projekts" wurden unter anderem auch eine projektspezifische Organisation sowie die Komplexität als charakteristische Projektmerkmale genannt. Damit wird ausgesagt, dass bei Projekten eine Vielzahl von Personen als Akteure (Projektbeteiligte) im Spiel sind, die sich gegenseitig abstimmen und effizient zusammenarbeiten müssen, um die Wahrscheinlichkeit eines erfolgreichen Projektabschlusses zu erhöhen.
Die Akteure und ihre Aufgaben werden nachfolgend vorgestellt.

Projektbeteiligte

1.5.1 Auftraggeber

Jedes Projekt hat einen Auftraggeber, er ist der **Initiator des Projekts**.

Auftraggeber = Projektinitiator

Als Auftraggeber eines Projekts kann sowohl eine Einzelperson (z. B. der Bauherr bei einem Bauprojekt, der Geschäftsführer bei einem Organisationsprojekt) als auch eine Gruppe von Personen fungieren.

Der Auftraggeber bestimmt die Ziele, Rahmenbedingungen und Restriktionen des Projekts und erteilt damit den Projektauftrag. Er setzt den Projektleiter ein und bestimmt dessen Aufgaben, Kompetenzen und dessen Verantwortung.

Der Auftraggeber trägt die Gesamtverantwortung für die Projektergebnisse hinsichtlich Qualität und Leistung. Geplante bzw. notwendige Änderungen hinsichtlich der Zielplanung, der getätigten Investitionen oder der Einhaltung der Termine müssen dem Auftraggeber mitgeteilt bzw. mit ihm abgesprochen werden. Er ist stark am Projektfortschritt interessiert, deshalb wird meist eine regelmäßige Präsentation der Projektzwischenergebnisse eingefordert.

Ist der Auftraggeber optimal in das Projekt eingebunden, kann und wird er im Zweifel als Unterstützer des Projektteams und damit des Projekts agieren.

1.5.2 Projektleiter

Der Projektleiter ist die **zentrale Figur eines Projekts.**

Er erhält vom Auftraggeber den Auftrag, das Projekt nach dessen Zielen, Vorstellungen, Rahmenbedingungen und Restriktionen abzuwickeln. Er gibt diese an das Projektteam weiter und ist für die Erreichung der Ziele sowie die Einhaltung der Rahmenbedingungen verantwortlich.

Der Projektleiter ist für die Führung des Projektteams verantwortlich, er koordiniert die konkurrierenden Anforderungen und Bedürfnisse der am Projekt beteiligten Personen und gleicht diese ab. Er moderiert die Projekttreffen und schreitet bei Meinungsverschiedenheiten im Projektteam als Schlichter ein.

Des Weiteren ist er für die Planung des Projektes in zeitlicher, kostentechnischer und qualitativer Hinsicht verantwortlich. Er verteilt die Aufgaben (= Arbeitspakete) und kontrolliert und steuert deren Umsetzung. Er fällt Entscheidungen hinsichtlich der Verteilung von Personal und Ressourcen sowie der eingesetzten Methoden. Der Projektleiter kommuniziert die Projektzwischenergebnisse an den Auftraggeber. Am Projektende ist er für die ordnungsgemäße Abnahme der Projektergebnisse durch den Auftraggeber sowie einen ordentlichen Projektabschluss verantwortlich.

In großen Projekten werden oftmals **Teilprojektleiter** eingesetzt, die dem Gesamtprojektleiter unterstellt sind und diesem berichten. So wird der Gesamtprojektleiter entlastet, und die vielfältigen Aufgaben sowie die Verantwortung werden auf mehrere Schultern verteilt.

1.5.3 Projektcontroller

Bei kleineren Projekten ist der Projektleiter in der Regel gleichzeitig auch als Projektcontroller tätig, in größeren Projekten wird hier meistens eine eigene Stelle eingerichtet.

Der Projektcontroller hat die Aufgabe, den Projektleiter dahingehend zu unterstützen, den Projektfortschritt mithilfe eines Soll-Ist-Vergleiches zu **überwachen** und so zeitliche, finanzielle oder auch qualitative Abweichungen zu ermitteln. Treten Abweichungen auf, müssen die Gründe dafür analysiert sowie die Auswirkungen (z. B. Verzögerung des Projekts? Überschreitung des Projektbudgets?) ermittelt werden.

Sind diese Auswirkungen von Bedeutung, müssen Handlungsempfehlungen gegeben werden (z. B. Mehrarbeit, Verwendung eines alternativen Materials, usw.). Die Entscheidung über die Umsetzung dieser Handlungsempfehlungen trifft dann der Projektleiter in Rücksprache mit dem Auftraggeber.

1.5.4 Projektteam

Das Projektteam ist die **ausführende Instanz** und damit ein wesentlicher Erfolgsfaktor für das Projekt.

Im Projektteam steckt die erforderliche Fachkompetenz, daher muss schon bei der Zusammensetzung des Projektteams darauf geachtet werden, die richtigen Personen für das jeweilige Projekt zu finden und zu einem Team zu formen.

Die Mitarbeiter im Projektteam sind dafür zuständig, die Arbeitspakete, die sie vom Projektleiter zugeteilt bekommen haben, zu bearbeiten. Die Projektmitarbeiter melden dem Projektleiter (oder dem Projektcontroller) den aktuellen Projektstand, berichten über Probleme und Schwierigkeiten bei der Bearbeitung der Arbeitsaufträge und die damit verbundenen Planabweichungen. Das Projektteam liefert, wenn möglich, auch Vorschläge bezüglich möglicher Korrekturmaßnahmen, um diese Probleme zu überwinden.

1.5.5 Steuerungs-/Lenkungsgremium

Gerade in größeren und komplexeren Projekten wird in der Regel ein Steuerungs- oder Lenkungsgremium eingesetzt, das sich aus internen (z. B. Fachbereichsleiter) oder externen (z .B. kommunalpolitische Vertreter) Experten zusammensetzt. Oftmals sind diese Projektgremien auch projektübergreifend tätig. Die Bezeichnungen solcher Gremien sind unterschiedlich, sie werden z. B. als Steuerungsgruppe, Lenkungsausschuss, Projektausschuss o. Ä. bezeichnet.

Ein solches Lenkungsgremium unterstützt den Auftraggeber durch die gesammelten Erfahrungen aus anderen Projekten bzw. die vorhandene Fachkompetenz bei wichtigen Entscheidungen und begleitet das Projekt, um so frühzeitig auf Fehlentwicklungen aufmerksam zu machen und Fehlerquellen aufzuzeigen.

Es nimmt daher eine wichtige **beratende Position** im Projekt ein, um die strategische Planung und Steuerung im Blick zu behalten. Gleichzeitig wirkt es oftmals als Multiplikator von Informationen und unterstützt so das Projektmarketing.

1.5.6 Projektumfeld/Stakeholder

Ein Projekt bewegt sich in erster Linie in einem exakt abgesteckten Projektumfeld, also innerhalb einer Abteilung, eines Unternehmens o. Ä.

Allerdings betreffen Projekte oftmals auch Personen(gruppen), die über diese exakt definierte Grenze hinausgehen. Hierbei spricht man von **Stakeholdern**, worunter alle am Projekt beteiligten sowie alle vom Projekt betroffenen Personen zusammengefasst werden – also neben dem Projektteam und dem Auftraggeber auch z. B. Nachbarn, Kunden, Wettbewerber, Politiker usw.

1. Projekt initiieren und definieren

Stakeholder können dem Projekt gegenüber sowohl positiv als auch negativ eingestellt sein. So ist es möglich, dass z. B. beim Projekt „Bau einer neuen Produktionshalle" die Anwohner eine ablehnende Haltung zum Projekt haben, etwa weil sie Beeinträchtigungen durch den Baulärm befürchten. Aber auch eine positive Einstellung zum Projekt wäre in diesem Fall möglich, etwa weil durch das Projekt die Schaffung neuer Arbeitsplätze in Wohnortnähe erwartet wird.

Die Analyse der Einstellungen der Stakeholder ist ein wichtiger Aspekt, da sonst für das Projekt unvorhergesehene Probleme auftreten oder aber Chancen verpasst werden können. Das genaue Vorgehen bei einer Stakeholderanalyse wird im Abschnitt 2.2.2 „Umfeldplanung" genauer beleuchtet.

1.6 Projektstart

Projektideen

Der Ursprung von Projektideen ist vielfältig, grundsätzlich erfolgt dabei aber eine Unterscheidung zwischen reaktiven Ideen und visionären Ideen.

1.6.1 Projektideen

Reaktive Ideen

Eine **reaktive Idee** gründet auf einem wahrgenommenen Ist-Zustand, der als nicht befriedigend erlebt wird.

> **Beispiel:**
>
> Der Anteil an Ausschuss bei der Produktion wird als zu hoch empfunden, oder die Qualität der produzierten Produkte ist nicht ausreichend. Wird dieser Missstand erkannt, kann darauf mithilfe eines Projektes reagiert und beispielsweise der Produktionsprozess untersucht und optimiert werden.

Visionäre Ideen

Eine **visionäre Idee** hingegen setzt nicht an einem unbefriedigenden Ist-Zustand an, vielmehr soll hier zukunftsbezogen eine Chance ergriffen werden, die das Unternehmen erfolgreich am Markt positioniert.

> **Beispiel:**
>
> Durch die Erweiterung der Produktpalette, den Einstieg in neue Technologien (z. B. Elektromobilität) oder neue Märkte (z. B. Onlinehandel) sollen sich für ein Unternehmen verbesserte Zukunftsaussichten bieten.

1.6.2 Kreativitätstechniken

Die aktive Form der Projektideensuche (= visionäre Ideen) bietet mehr Spielraum für eine erfolgreiche Entwicklung von Unternehmen als die passive Suche nach Projektideen, also das bloße Reagieren (= reaktive Ideen) auf Fehler und Missstände.

Um aktiv Projektideen aufspüren zu können (oder um Lösungsstrategien zu entwickeln), bietet sich der Einsatz von Kreativitätstechniken an. Im Folgenden sollen einige Kreativitätstechniken kurz vorgestellt werden.

1.6 Projektstart

a) Brainstorming bzw. Brainwriting

Das **Brainstorming** setzt auf spontane Einfälle der Beteiligten. Diese Methode beginnt damit, dass Personen aus unterschiedlichen Fachrichtungen, Bereichen oder Abteilungen in einer Sitzung zu einer konkreten Fragestellung (z. B.: „Welche neuen Geschäftsfelder sollen wir in Zukunft abdecken, und wie sollen wir dabei vorgehen?") zusammenkommen. Die Sitzung wird von einem Moderator geleitet, der darauf achtet, dass **im ersten Teil der Sitzung** die folgenden Regeln eingehalten werden:

> Jeder Teilnehmer darf seine Ideen äußern, es zählt die Quantität der Ideenvorschläge.
> Eine Bewertung bzw. Kritik der Ideen erfolgt nicht, sodass sich niemand aus Angst davor, sein Einfall sei unpassend, zurückhalten muss.
> Eine von einem Teilnehmer vorgebrachte Idee kann aber von anderen Teilnehmern aufgegriffen und weiterentwickelt werden.

Der Moderator protokolliert die Ideen, um später darauf zurückgreifen zu können. **Im zweiten Teil der Sitzung** erfolgt nun der kreative Prozess. Nun werden die vorgebrachten Ideen diskutiert und in der Gruppe weiterentwickelt – unpassende Ideen können nun verworfen werden. Zum Abschluss der Sitzung werden interessante Ideenvorschläge zusammengefasst, protokolliert und auf die Möglichkeit der Umsetzung hin geprüft.

Das **Brainwriting** ist die schriftliche Form des Brainstormings. Diese Variante kann dann genutzt werden, wenn die Personen räumlich getrennt sind oder die Gefahr besteht, dass durch Spannungen zwischen den Mitgliedern eine offene Kommunikation nur schwer möglich ist. Diese Variante bietet sich insbesondere an für sensible Themen (z. B.: „Wie kann die Zusammenarbeit zwischen zwei ‚rivalisierenden' Abteilungen verbessert werden?"), in denen Teilnehmer eventuell lieber anonyme Vorschläge geben, oder wenn die Teilnehmer aus verschiedenen Hierarchiestufen kommen.

b) 6-3-5-Methode

Die **6-3-5-Methode** stellt eine **Abwandlung des Brainwritings** dar. Während beim Brainwriting ähnlich wie beim Brainstorming relativ offene Vorgaben herrschen, ist bei der 6-3-5-Methode ein klarer Ablauf vorgegeben. In der Gruppe zur Ideenfindung sind sechs Personen, von denen jeder drei Ideen entwickelt und diese aufschreibt. Nach einigen Minuten wird das Blatt an den Nachbarn weitergereicht, der die Ideen des Vorgängers ergänzen oder weiterentwickeln soll. Dieser Vorgang wird wiederholt, bis das Blatt bei allen fünf Nachfolgern angelangt und dort bearbeitet worden ist.

Sechs Personen erstellen also jeweils **drei Ideen,** die von **fünf Nachfolgern** weiterentwickelt werden: daher die Bezeichnung 6-3-5-Methode.

c) Morphologischer Kasten

Für die Entwicklung und Gestaltung konkreter Produkte bietet sich als Kreativitätstechnik der **Morphologische Kasten** an – eine Methode, die vom Schweizer Astrophysiker Fritz Zwicky entwickelt worden ist.

Diese Kreativitätstechnik zielt darauf ab, **aus Ideen konkrete Produkte** entstehen zu lassen. Dabei werden alle möglichen Kombinationen der Produktmerkmale mit in die Überlegungen einbezogen und damit alle denkbaren Variationen des Produkts betrachtet.

In einem ersten Schritt werden in einer Expertenrunde sämtliche Produktmerkmale aufgelistet (z. B. Farbe, Material, Form ...). Diese Merkmale bilden die erste Spalte einer Tabelle. Sie werden z. B. auf ein Flipchart oder eine Pinnwand übertragen. Wichtig dabei ist, dass **alle Produktmerkmale** erfasst werden, wobei diese voneinander unabhängig und überschneidungsfrei sein müssen (die Farbgestaltung eines Produkts darf z. B. nicht vom ausgewählten Material abhängig sein).

Im nächsten Schritt werden alle denkbaren Ausprägungen der zuvor aufgelisteten Produktmerkmale gesammelt, z. B. für das Produktmerkmal „Farbe" die Ausprägungen rot, grün, blau usw., für das Produktmerkmal „Material" die Ausprägungen Holz, Metall, Kunststoff usw. Die Ausprägungen werden in der jeweiligen Zeile neben dem Produktmerkmal vermerkt.

Der letzte Schritt sieht nun vor, die ausgewählten Ausprägungen der Merkmale zu kombinieren und den entstandenen Merkmals-Mix (also z. B. die Kombination „Farbe ‚rot', Material ‚Kunststoff', Form ‚quadratisch' ...") in der Runde zu diskutieren und zu bewerten.

Durch die systematische Suche nach Produktmerkmalen im ersten Schritt sowie deren Ausprägungen im zweiten Schritt soll sichergestellt werden, dass keine Möglichkeit vergessen wird.

Die Methode wird vorrangig zur Produktentwicklung eingesetzt, kann aber auch bei der Verbesserung von Produktionsprozessen o. Ä. Verwendung finden. Voraussetzung für einen erfolgreichen Einsatz ist zum einen ein umfassendes Expertenwissen der Teilnehmer auf dem jeweiligen Fachgebiet, zum anderen ist es erforderlich, dass alle Faktoren (Produktmerkmale) vorab bekannt sind und in die Analyse aufgenommen werden können.

1.7 Projektantrag

Projektantrag

Ganz egal, welches Projekt im Entstehen begriffen ist: Es gibt in der Regel einen Entscheider (bzw. eine Gruppe von Entscheidern), der darüber bestimmt, ob ein Projekt letztlich so wie angedacht durchgeführt werden soll oder nicht.

Beispiel:

Bei Organisationsprojekten, also z. B. bei der Umstrukturierung eines Betriebs oder der Einführung einer neuen Software, wird letztendlich die Unternehmensleitung das Projekt genehmigen (oder eben nicht). Bei anderen Projekten (z. B. bei Bauprojekten) entscheidet eventuell der Kunde darüber, im privaten Bereich (z. B. wenn ein Umzug ansteht oder die eigene berufliche Selbstständigkeit geplant wird) gegebenenfalls der Ehepartner oder der Familienrat.

Je nach Umfang und Komplexität des Projektes wird ein Projektantrag sicherlich immer eine andere äußere Form und natürlich auch einen anderen Umfang und Ausarbeitungsgrad haben.

Die Inhalte eines Projektantrags unterscheiden sich hingegen meist nur unwesentlich:
Bei der Erstellung eines Projektantrags sollte neben der Beschreibung der Ausgangslage des Projektes (Handelt es sich um eine reaktionäre oder visionäre Projektidee?) auch bereits auf mögliche Projektschwierigkeiten oder Hindernisse eingegangen werden. Lassen sich hier für die größten Probleme schon Ansätze aufzeigen, wie diese gelöst werden können, bestehen natürlich deutlich bessere Chancen, eine positive Antwort des Entscheiders zu erhalten. Zentraler Punkt ist jedoch, dem Entscheider den Mehrwert des Projektes klarzumachen. Der Entscheider muss also davon überzeugt werden, dass das Projekt einen Nutzen für ihn generiert. Exakte Aussagen über die Finanz- und Terminplanung des Projektes können zum jetzigen Zeitpunkt zwar noch nicht getroffen werden; ist es allerdings möglich, bereits in der Projektantragsphase eine zumindest grobe Abschätzung vorzunehmen, wirkt sich auch das in der Regel positiv aus.

Der Entscheider erhält den Projektantrag zur Prüfung und wägt dabei verschiedene Punkte ab. Nur wenn das Projekt mit der strategischen Ausrichtung des Unternehmens übereinstimmt, das für die Durchführung notwendige Wissen sowie die erforderlichen Ressourcen vorhanden sind bzw. beschafft werden können, das Projektrisiko als nicht zu hoch eingeschätzt und der mit dem Projekt erzielbare Mehrwert deutlich wird, wird die Entscheidung letztlich positiv ausfallen.

1.8   Projektskizze

Die Projektskizze ist in vielen Projekten in den Projektantrag integriert bzw. wird parallel dazu oder direkt im Anschluss erstellt. In einer Projektskizze werden die Inhalte des Projektes konkretisiert. Sollte etwa im Projektantrag die Termin- und Kostenplanung nur in kleinem Umfang vorhanden sein, wird dies bei der Erstellung der Projektskizze detaillierter durchdacht. Während der Projektantrag vorwiegend für den Entscheider erstellt wird, kann mit der Projektskizze das geplante Projekt eventuell auch den Stakeholdern (also z. B. potenziellen Kunden, Mitarbeitern des Unternehmens, Anwohnern o. Ä.) dargestellt werden, um diese zu informieren und eine positive Einstellung gegenüber dem Projekt zu erreichen.

Projektskizze

Die Projektskizze kann also entweder direkt in den Projektantrag integriert sein oder als Zusatzinformation neben oder nach dem Projektantrag erstellt werden.

1.9   Projektauftrag

Nach Erstellung des Projektantrags und der Projektskizze sowie einer positiven Antwort bei Vorlage dieser Unterlagen beim Entscheider erfolgt die Erteilung des Projektauftrags. Dieser stellt eine (schriftliche) Vereinbarung zwischen dem Projektleiter und dem Auftraggeber dar, in der die Ziele des Projektes klar und deutlich formuliert werden.

Projektauftrag

Der Projektauftrag zieht sich als „roter Faden" durch den gesamten Projektverlauf und dient zur Kontrolle, ob im Projekt immer noch auf die zu Beginn anvisierten Projektziele hingearbeitet wird. Der Projektauftrag muss dann jedoch später noch durch eine detaillierte Planung ergänzt werden. Bei Bedarf kann der Projektauftrag zu einem späteren Zeitpunkt noch abgeändert werden, gerade wenn sich die Situation verändert oder neue Informationen bekannt werden. Eine Veränderung des Projektauftrags (hinsichtlich Kosten, Terminen oder Leistungsumfang) muss allerdings immer mit dem Auftraggeber und den weiteren Projektbeteiligten abgesprochen werden.

Der Projektauftrag hat meist bereits einen vertraglichen Charakter und ist Vorläufer des Lastenheftes. In der Praxis wird der Auftraggeber in einem **Lastenheft** seine Wünsche, Vorgaben und Anforderungen an das Projekt festhalten.

Lastenheft

> Die DIN 69901 definiert das Lastenheft als „vom Auftraggeber festgelegte Gesamtheit der Forderungen an die Lieferungen und Leistungen eines Auftragnehmers innerhalb eines Auftrages".

Aus dem Lastenheft wird dann im Projektteam das **Pflichtenheft** erstellt.

Pflichtenheft

> Die DIN 69901 definiert das Pflichtenheft als die „vom Auftragnehmer erarbeiteten Realisierungsvorgaben aufgrund der Umsetzung des vom Auftraggeber vorgegebenen Lastenhefts".

Neben den Grobzielen sind nun auch die Detailziele sowie die geplanten (bzw. möglichen) Vorgehensweisen zum Erreichen dieser Ziele enthalten, die mit allen Beteiligten (Projektteam, Auftraggeber usw.) abgestimmt werden müssen. Eine detaillierte Darstellung der Zielplanung in Projekten erfolgt im Abschnitt 2.2.1 „Zielplanung".

Wiederholungsfragen

1. Projekte und Projektmanagementmethoden haben in den letzten Jahren enorm an Bedeutung gewonnen. Warum ist dies so? (drei richtige Antworten)
   - [ ] a rasante technische Entwicklung
   - [ ] b Verringerung der Betriebsgrößen
   - [ ] c steigende Komplexität
   - [ ] d erforderliches Spezialwissen
   - [ ] e Verringerung bürokratischer Hürden.

   >> Seiten 11 bis 12 |

2. In letzter Zeit werden viele Vorhaben fälschlicherweise als Projekte bezeichnet. Damit ein Vorhaben wirklich auch als Projekt gilt, muss es einige Merkmale aufweisen.

   Aufgabe: Nennen Sie fünf charakteristische Projektmerkmale und erläutern Sie diese!

   >> Seiten 15 bis 16 |

3. Projektmanagement wird in den verschiedensten Bereichen eingesetzt, wobei Projekte in drei verschiedene Projekttypen unterschieden werden können. Welche sind das? (drei richtige Antworten)
   - [ ] a Investitionsprojekte
   - [ ] b Revolutionsprojekte
   - [ ] c Organisationsprojekte
   - [ ] d Revisionsprojekte
   - [ ] e Forschungs- und Entwicklungsprojekte

   >> Seite 17 |

4. Die Akteure in Projekten müssen unterschiedliche Rollen einnehmen und Aufgaben bearbeiten.

   Aufgaben: In welchem Verhältnis stehen

   a) der Auftraggeber und der Projektleiter?

   b) der Projektleiter und das Projektteam?

   c) die Stakeholder zum Projekt?

   >> Seiten 17 bis 20 |

1. Projekt initiieren und definieren

5. Der Ursprung für Projektideen kann sehr unterschiedlich sein. Projektideen können in reaktive und visionäre Ideen unterschieden werden.

   Aufgabe: Erläutern Sie den Unterschied!

   >> Seite 20 |

6. Die 6-3-5-Methode stellt eine Kreativitätstechnik zur Ideengenerierung dar. Welche der folgenden Antworten treffen **nicht** auf die 6-3-5-Methode zu? Bei der 6-3-5-Methode (zwei richtige Antworten)

   - [ ] a sind 6 Personen beteiligt.
   - [ ] b sollen insgesamt 3 Ideen entwickelt werden.
   - [ ] c sollen insgesamt 18 Ideen entwickelt werden.
   - [ ] d entwickelt jede Person 3 Ideen.
   - [ ] e hat jeder Teilnehmer pro Runde 5 Minuten Zeit.

   >> Seite 21 |

2. Projekt planen

> **Kompetenzen**
>
> - Problemsituation und Ziele detailliert definieren.
> - Projektstruktur und -organisation festlegen.
> - Zeitplanung unter Nutzung von Projektmanagementsoftware durchführen.
> - Ressourcen ermitteln und Kosten der Projektdurchführung berechnen.
> - Risiken erkennen und hinsichtlich Wirkung und Auftretenswahrscheinlichkeiten bewerten sowie Umgang mit Risiken festlegen.
> - Anforderungen an Mitarbeiter sowie deren Aufgaben und Befugnisse festlegen.
> - Projektkommunikation planen.

2.1 Projektorganisationsformen

Für die Abwicklung von Projekten ist es notwendig, die im Projekt tätigen Mitarbeiter in einer Organisationsstruktur zusammenzufassen, um Weisungsbefugnisse und Berichtspflichten festzulegen. Da sich die Anforderungen beispielsweise hinsichtlich der Ausgangsbedingungen, des finanziellen Rahmens, der zeitlichen Dringlichkeit, der Interdisziplinarität im Projektteam usw. von Projekt zu Projekt deutlich unterscheiden, gibt es unterschiedliche Projektorganisationsformen, die sich an die jeweiligen Konstellationen anpassen.

Dabei ist von Bedeutung, ob die Mitarbeiter in einem Projekt ausschließlich in diesem Projekt tätig sind, gegebenenfalls sogar speziell für dieses Projekt angestellt worden sind, oder aber nur befristet oder teilweise aus dem Liniengeschäft für das Projekt freigestellt werden.

Man unterscheidet dabei zwischen den **drei Formen der Projektorganisation,** welche unterschiedliche Vor- und Nachteile besitzen:

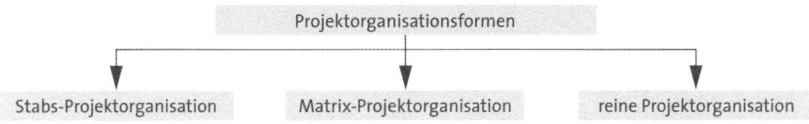

2.1.1 Stabs-Projektorganisation

Die Stabs-Projektorganisation ist gekennzeichnet durch eine einfache Installation innerhalb des Unternehmens, da es bei der Linienorganisation nur zu geringen Veränderungen kommt (siehe nachfolgende Abbildung).

Stabs-Projektorganisation

Es wird ein Stab unter Führung des Projektleiters gebildet, der direkt der Leitungsebene unterstellt ist. Der Projektleiter kann von Experten unterstützt werden. Der Einfluss des Stabs ist groß, allerdings hat der Stab außerhalb des Projektgeschehens keine Weisungsbefugnisse, sodass die Projektmitarbeiter in der Linienorganisation verbleiben und damit weiterhin ihren Vorgesetzten (i. d. R. Abteilungsleiter) fachlich und disziplinarisch unterstellt sind.

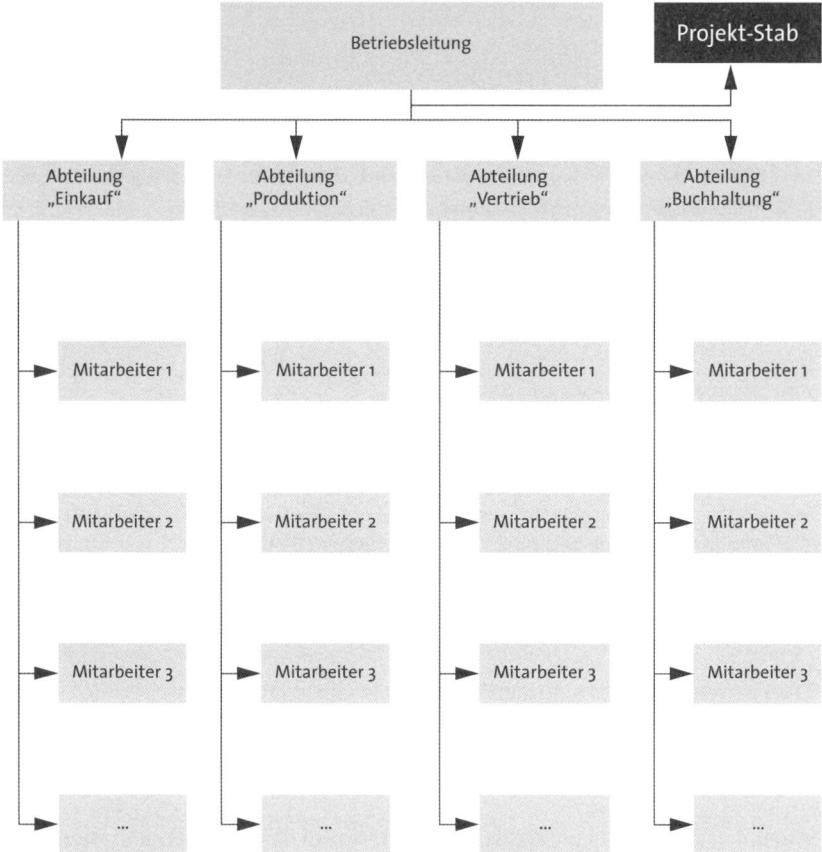

Vorteile:
> schnelle, einfache und kostengünstige Installation
> kaum Veränderungen in der Linienorganisation
> geringe Beeinträchtigungen des regulären Tagesgeschäftes
> flexibler Einsatz der Projektmitarbeiter (auch in mehreren Projekten) möglich
> optimale Auslastung von Material- und Personalressourcen durch parallele Nutzung
> gezielter Einsatz von Spezialisten möglich
> keine Probleme bei der Wiedereingliederung nach Projektende
> Synergieeffekte durch interdisziplinäre Gruppen.

Nachteile:
- hoher Koordinationsaufwand und Kompetenzgerangel zwischen Projektleiter und Linienvorgesetzten
- Abwägung zwischen Wichtigkeit des Projekts gegenüber der Dringlichkeit des Tagesgeschäft führt zu „Kampf" um Mitarbeiter
- zeitliche Verzögerungen durch lange Entscheidungswege und unklare Kompetenzen
- Linienvorgesetzte haben hohen Einfluss auf Erfolg oder Misserfolg des Projekts
- Überlastung der Mitarbeiter durch Projektarbeit neben dem regulären Tagesgeschäft
- geringe Identifikation mit dem Projekt bei den Projektmitarbeitern, fehlender Teamgeist.

Anwendung bei:
- Projekten mit kurzer Dauer und/oder geringer Komplexität,
- Projekten mit nur geringer Bedeutung für das Unternehmen,
- Projekten, bei denen viele Fachbereiche des Unternehmens betroffen sind.

2.1.2 Matrix-Projektorganisation

Ähnlich wie bei der Stabs-Projektorganisation behält der Linienvorgesetzte auch in der Matrix-Projektorganisation seine disziplinarische Weisungsbefugnis. Die Projektmitarbeiter werden nur bei Bedarf für das Projekt abgestellt. Zusätzlich zur Mitarbeit im Projekt können sie auch an ihren Routinetätigkeiten arbeiten oder in anderen Projekten eingesetzt werden.

Der Projektleiter trägt bei dieser Organisationsform die volle Verantwortung für das Projekt und ist in Bezug auf das Projekt entscheidungs- und weisungsbefugt. In dieser Konstellation sind die Mitarbeiter somit parallel zwei Vorgesetzten unterstellt (dem Projektleiter und dem Linienvorgesetzten), was zu Zielkonflikten zwischen Projekt und Linie führen kann. Es bedarf hier einer Verhandlung und Absprache zwischen Projektleiter und Linienvorgesetztem, um diese Konflikte im Sinne des Projektes und des Unternehmens zu lösen.

Matrix-Projektorganisation

Matrix-Projektorganisation

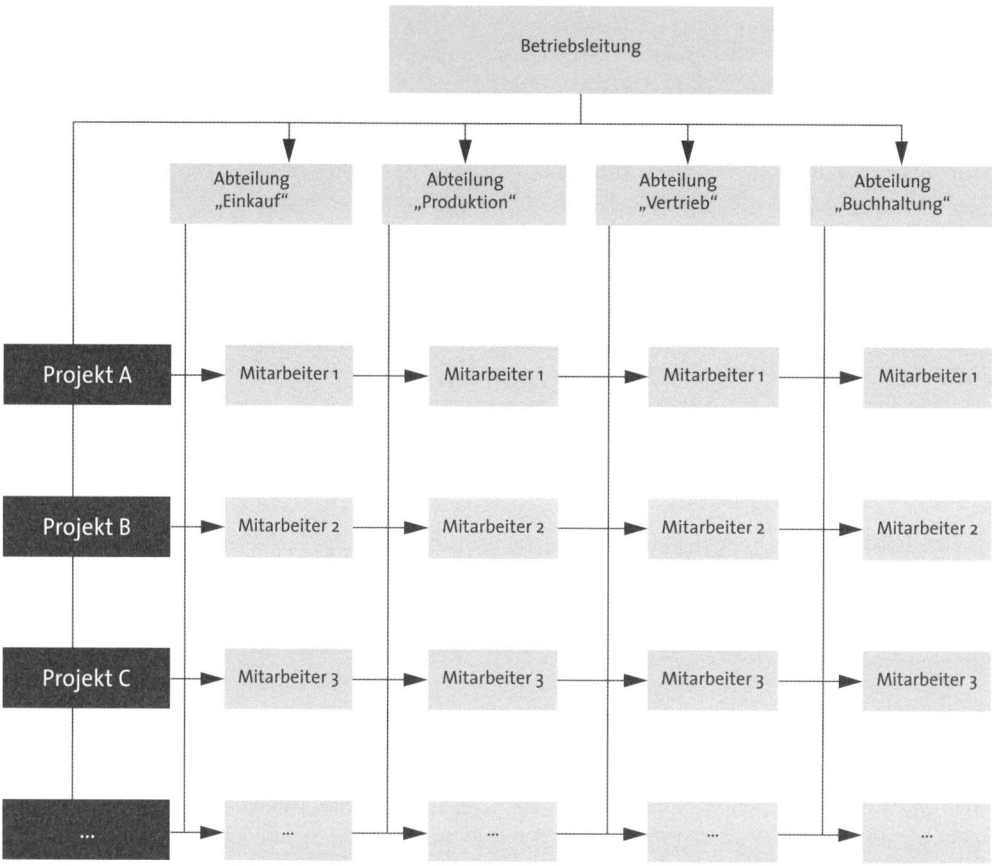

Vorteile:
> relativ einfache und kostengünstige Installation
> optimale Auslastung von Material- und Personalressourcen durch parallele Nutzung
> flexibler Einsatz der Projektmitarbeiter (auch in mehreren Projekten) möglich
> gezielter Einsatz von Spezialisten möglich
> keine Probleme bei der Wiedereingliederung nach Projektende
> Synergieeffekte durch interdisziplinäre Gruppen.

Nachteile:
> hohes Konfliktpotenzial zwischen Linienvorgesetztem und Projektleiter
> Unsicherheit und sinkende Motivation aufseiten der Mitarbeiter (Loyalität gegenüber zwei Vorgesetzten mit unterschiedlichen Zielen)
> zeitliche Verzögerungen durch lange Verhandlungen
> Linienvorgesetzte haben hohen Einfluss auf Erfolg oder Misserfolg des Projekts
> Überlastung der Mitarbeiter durch Projektarbeit neben dem regulären Tagesgeschäft

> geringe Identifikation mit dem Projekt bei den Projektmitarbeitern, fehlender Teamgeist.

Anwendung bei:
> Projekten mit mittlerer Dauer und/oder mittlerer Komplexität,
> Projekten mit mittlerer bis großer Bedeutung für das Unternehmen,
> Projekten, bei denen viele Fachbereiche des Unternehmens betroffen sind.

2.1.3 Reine Projektorganisation

Die reine Projektorganisation wird auch Linien-Projektorganisation genannt. Diese Form der Projektorganisation kann als „Unternehmen im Unternehmen" angesehen werden. In dieser Projektorganisationsform wird für das Projekt eine eigenständige Organisationseinheit (z. B. Abteilung) oder auch eine eigenständige Institution (z. B. Projektgesellschaft, ARGE im Bauwesen) gebildet.

Reine Projektorganisation

Reine Projektorganisation

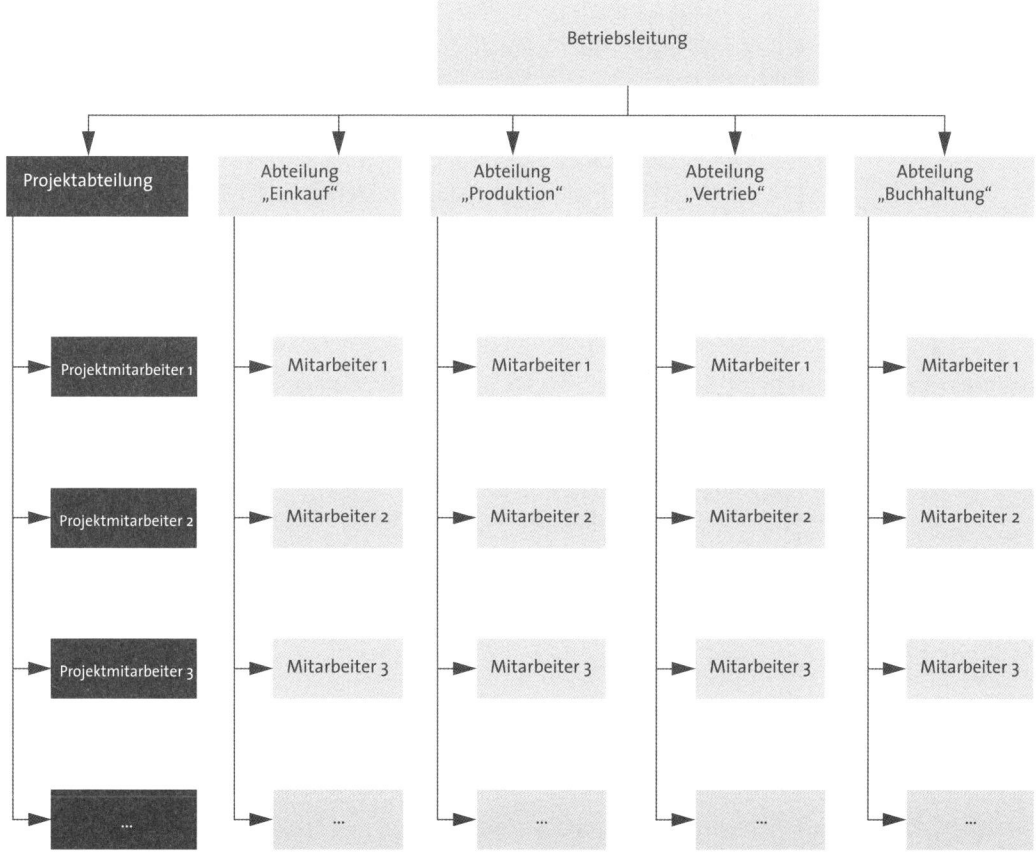

Der Projektleiter und die Projektmitarbeiter arbeiten für die Dauer des Projektes ausschließlich an den Projektaufgaben. Sie werden aus ihren Abteilungen oder Fachbereichen herausgelöst. Der Projektleiter hat hier – vergleichbar mit einem Abteilungsleiter oder Bereichsleiter – weitreichende Entscheidungs- und Weisungsbefugnisse, eine Abstimmung mit Linienvorgesetzten ist nicht notwendig. Die Anforderungen an den Projektleiter sind daher hier noch höher als bei den anderen beiden Projektorganisationsformen.

Nach Abschluss des Projektes wird das Projektteam aufgelöst, und die Projektmitarbeiter kehren wieder an ihre angestammte Position in der Linienorganisation zurück oder werden in ein neues Projekt integriert.

Vorteile:
> Projektleiter ist allein für das Projekt verantwortlich
> schnelle Entscheidungen (keine Abstimmung mit den Linienvorgesetzten notwendig)
> alle Ressourcen können optimal auf das Projektziel hin ausgerichtet werden
> hohe Identifikation mit dem Projekt durch konstante Zusammensetzung des Teams, „echter" Teamgeist
> volle Konzentration auf die Projektaufgaben, keine Ablenkung durch Linienaufgaben.

Nachteile:
> aufwendige und kostspielige Installation mit hohem Umstellungsaufwand
> durch die Freistellung von Mitarbeitern entstehen Lücken in der Linienorganisation (Vertretungsprobleme!)
> schlechte Auslastung der Mitarbeiter (gerade zu Beginn und am Ende des Projekts) möglich
> Gefahr von Parallelentwicklungen zwischen Projekt und Linie
> schwierige Mitarbeiterrekrutierung (aus Angst vor Verlust des angestammten Arbeitsplatzes innerhalb der Linienorganisation oder aber, weil gute Mitarbeiter von den Linienvorgesetzten nicht freigegeben werden)
> Schwierigkeiten bei der Wiedereingliederung der Mitarbeiter nach Projektende.

Anwendung bei:
> sehr großen, langfristigen, komplexen Projekten mit sehr hoher Bedeutung für das Unternehmen,
> Projekten, bei denen ein permanenter Mitarbeitereinsatz notwendig ist.

2.2 Ziel- und Umfeldplanung

2.2.1 Zielplanung

Die Festlegung von Zielen ist die Basisentscheidung in einem Projekt. Nur wenn die Ziele von Anfang an klar definiert sind, wissen auch alle am Projekt beteiligten Personen, „wohin die Reise gehen soll", d. h., welche Erwartungen der Auftraggeber an das Projekt hat.

Werden die Ziele eines Projekts nicht bereits zu Beginn präzise formuliert, werden sich die Erwartungen der unterschiedlichen Stakeholder an das Projekt in verschiedene Richtungen entwickeln.

Sicherlich können sich Ziele während des Projekts verändern, etwa weil im Projekt neue Erkenntnisse aufgetaucht sind oder weil sich die Rahmenbedingungen verändert haben. Das schließt allerdings die Notwendigkeit einer klaren Zieldefinition zu Beginn des Projektes nicht aus.

Die Vorgabe von Grobzielen fällt in der Praxis oft nicht schwer, Schwierigkeiten entstehen dann aber in der Formulierung und Beschreibung der Detailziele.

> Bei der Zielplanung sollten die folgenden drei Bereiche Beachtung finden: *Zielplanung*
>
> › Zielhierarchie und Zielstruktur
> › exakte Formulierung der Detailziele
> › Zielbeziehungen und Prioritäten.

2.2.1.1 Zielhierarchie und Zielstruktur

Die Zielstruktur kann als Baumdiagramm angeordnet werden, um einen schnellen Überblick zu erhalten. Dabei erfolgt vertikal eine Unterteilung in **Grobziele** und **Detailziele** (Ober- und Unterziele), horizontal werden die verschiedenen **Zielklassen** abgebildet.

Grob- und Detailziele

Durch die Unterteilung der Ziele in Zielklassen können die einzelnen Ziele schnell geordnet und zusammengefasst werden. Als einfachste Methode der Strukturierung von Zielen hat sich das **„Magische Dreieck im Projektmanagement"** herauskristallisiert.

Magisches Dreieck

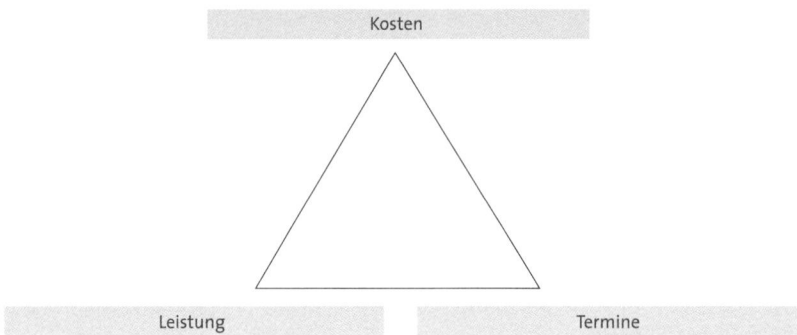

Das magische Dreieck trennt die Zielklassen **Kosten** (= verfügbares Budget im Projekt), **Leistung** (= im Projekt zu erreichendes Ergebnis, Produkt, Dienstleistung) und **Termine** (= im Projekt einzuhaltender zeitlicher Rahmen).

Die Darstellung als (magisches) Dreieck soll die gegenseitige Beeinflussung der unterschiedlichen Zielklassen darstellen. Wie in Abschnitt 1.3 „Merkmale eines Projekts" beschrieben, haben Projekte eine zeitliche Befristung mit festgelegtem Anfangs- und Endzeitpunkt (Termine), finanzielle, personelle und andere Begrenzungen bezüglich der zur Verfügung stehenden Ressourcen (Kosten). Sie zielen auf ein vorab exakt definiertes Projektziel (Leistung) ab. Die drei Ecken des magischen Dreiecks stehen in einem untrennbaren Zusammenhang und beeinflussen sich gegenseitig.

> **Beispiele:**
>
> Bei einem Bauprojekt wird durch zusätzlich hinzukommende Wünsche des Auftraggebers (z. B. Wunsch nach Verwendung spezieller, hochwertiger Materialien) die Leistung verändert – das hat Auswirkungen auf die Kosten (höherer Einkaufspreis) und eventuell auch auf die Termine (längere Lieferzeit).
>
> Durch Preissteigerungen bei einem Lieferanten werden die Kosten des Projektes erhöht – da diese allerdings bei einem bestimmten Betrag gedeckelt sind, muss die gewünschte Leistung reduziert werden, oder aber der Fertigstellungstermin verzögert sich, da sich der Bauherr entscheiden könnte, bestimmte Arbeiten in Eigenarbeit zu erstellen, um damit Kosten zu sparen.

Sicher ließen sich noch viele weitere Beispiele finden, das Prinzip ist allerdings immer das gleiche: Wird an einer Stellschraube gedreht, verändern sich auch die weiteren Zielklassen – das muss bei Zielplanung stets bedacht werden.

In den letzten Jahren spielt neben den drei Zielklassen des magischen Dreiecks eine vierte Zielklasse eine immer wichtigere Rolle. Sie sollte daher ebenfalls mit in die Betrachtung aufgenommen werden: **die sozialen Ziele des Projekts.**

2.2 Ziel- und Umfeldplanung

Die Zielplanung als Baumdiagramm mit den drei Zielklassen des magischen Dreiecks sowie der vierten Zielklasse „soziale Ziele" zeigt die nachfolgende Abbildung.

Zielklassen im Projektmanagement Zielklassen

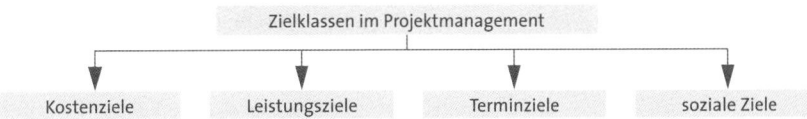

2.2.1.2 Exakte Formulierung der Detailziele Detailziele

Hinter den Zielklassen des magischen Dreiecks, welche die Grobziele des Projektes darstellen, steckt eine Vielzahl von Detailzielen, die diese Grobziele unterfüttern. Wichtig hierbei ist, dass diese Detailziele exakt formuliert werden, um ein Missverstehen der Ziele zu verhindern und eine Kontrolle der Zielerreichung zu ermöglichen.

Am einfachsten lässt sich diese Forderung mithilfe der **SMART-Formel** erreichen: SMART-Formel

- S = **spezifisch**
- M = **messbar**
- A = **anspruchsvoll**
- R = **realistisch**
- T = **terminiert**

Ziele sollten also nach dieser Regel **spezifisch** (präzise, exakt) formuliert werden, das Erreichen der Ziele sollte **messbar** sein (z. B. anhand von Kennzahlen). Weiterhin sollten Ziele gleichzeitig **anspruchsvoll** und **realistisch** sein, sodass die Projektmitarbeiter motiviert sind, das Ziel zu erreichen.
Und schlussendlich sollte ein Ziel stets **terminiert,** also mit einem Endzeitpunkt versehen werden, um den Grad der Zielerreichung auch kontrollieren zu können.

Beispiel:

Die Zielformulierung „Die Kundenzufriedenheit soll erhöht werden!" ist kein SMART-formuliertes (Projekt-)Ziel. Zwar ist das Ziel anspruchsvoll und wohl auch realistisch, allerdings fehlt die Messbarkeit genauso wie die Terminierung, und das Ziel ist nur ansatzweise spezifisch.

Problematisch wird es bei einer solchen Formulierung schon alleine deshalb, weil bereits eine minimale Verbesserung der Kundenzufriedenheit als Zielerreichung gilt – wenn also beispielsweise die durchschnittliche vergebene Schulnote vonseiten der Kunden vor dem Projekt 4,0 beträgt und diese nach dem Projekt auf 3,99 sinkt. Dies stellt jedoch sicherlich nicht die signifikante Verbesserung dar, die durch ein Projekt verfolgt wird.

Eine Formulierung dieses Ziels nach der SMART-Formel wäre daher z. B.:
„Durch das Projekt soll die bei unseren Kundenbefragungen ermittelte Kundenzufriedenheit innerhalb von sechs Monaten um eine Notenstufe verbessert werden."

2.2.1.3 Zielbeziehungen und Prioritäten

Zwischen einzelnen Zielen können verschiedene Beziehungen (vgl. auch die Ausführungen zum magischen Dreieck im Projektmanagement) bestehen.

Indifferente Ziele

Im einfachsten Fall haben Ziele keine Beziehung zueinander, sie beeinflussen sich also gar nicht – dann spricht man von **indifferenten Zielen.** Diese Form der Zielbeziehungen ist allerdings sehr selten, da sehr häufig zumindest eine indirekte Beeinflussung „über mehrere Ecken" vorliegt.

In der Regel stehen sich Ziele entweder gegensätzlich gegenüber, man spricht dann von konfliktären (bzw. konkurrierenden) Zielen, oder aber sie unterstützen sich gegenseitig, stellen also komplementäre (bzw. harmonierende) Ziele dar.

Komplementäre Ziele

Komplementäre Ziele können miteinander erreicht werden, das Erreichen des einen Ziels hat sogar positive Auswirkungen auf das Erreichen des anderen Ziels.

> **Beispiel:**
>
> Wird als Projektziel die „Erhöhung der Kundenzufriedenheit um eine Notenstufe" ausgegeben, kann damit das Ziel „Steigerung des Umsatzes um 10 %" positiv beeinflusst werden, da zufriedene Kunden mehr Umsatz machen als unzufriedene Kunden.

Konfliktäre Ziele

Bei **konfliktären Zielen** muss sich der Auftraggeber entscheiden, welches Ziel ihm wichtiger ist.

> **Beispiel:**
>
> Das Leistungsziel „Verwendung von hochwertigem Marmor bei der Badgestaltung" und das Kostenziel „Einhaltung des Kostenrahmens von 15.000,00 € für die Badgestaltung" können nicht gleichzeitig erreicht werden. Es muss eine Entscheidung getroffen oder ein Kompromiss gefunden werden, um den Zielkonflikt aufzulösen.

Damit wird deutlich, dass die – zugegeben oft mit einem Augenzwinkern getätigte – Aussage von Kunden bzw. Auftraggebern, „Ich will hohe Qualität haben, am besten muss es ‚bis gestern' fertig sein und darf nichts kosten!", in der Praxis nicht realisierbar ist.

Vielmehr bedarf es einer intensiven Recherche, welche der drei Zielklassen für den Auftraggeber die wichtigste ist – ist es die Einhaltung der Kosten, ein Ergebnis mit hoher Qualität oder die Einhaltung der Termine? Daraus ergibt sich das Muss-Ziel, also das unbedingt zu erreichende Ziel. Ist das **Muss-Ziel** geklärt, kann als nächste die Frage nach dem **Soll-Ziel,** also nach dem möglichst zu erreichenden Ziel, gestellt werden – ehe als letztes das **Kann-Ziel** übrig bleibt.

Das Ergebnis einer solchen Analyse könnte also lauten:

> **Beispiel:**
> Absoluten Vorrang hat das Ziel, den Fertigstellungstermin einzuhalten (= Muss-Ziel), darunter soll wenn möglich die Qualität nicht leiden (= Soll-Ziel) – auch wenn dafür eventuell der gesteckte Kostenrahmen (= Kann-Ziel) erhöht werden muss!

2.2.2 Umfeldplanung

In Unternehmen laufen häufig mehrere Projekte zur gleichen Zeit ab. Diese Projekte beeinflussen sich gegenseitig, z. B. wenn die gleichen Mitarbeiter in verschiedenen Projekten tätig sind, wenn Ressourcen, wie etwa Maschinen, in mehreren Projekten genutzt werden oder aber wenn die Ergebnisse eines Projektes Auswirkungen auf ein anderes Projekt haben.

Hier bietet es sich an, im Unternehmen eine **Projektlandkarte** zu entwickeln, auf der alle wichtigen Informationen zu den jeweiligen Projekten aufgeführt sind (Start, Ende, [aktueller] Status, Projektmitarbeiter, Projektziele, Wichtigkeit des Projekts ...).

Projektlandkarte

So kann die Unternehmensleitung einen Überblick über die laufenden Projekte behalten, Synergieeffekte nutzen, Problemen entgegenwirken und qualifizierte Entscheidungen im Sinne des Unternehmens treffen.

Aber nicht nur innerhalb, sondern auch außerhalb von Unternehmen gibt es Personen(gruppen) und Institutionen, die Projekte beeinflussen, unterstützen oder auch blockieren können. Deshalb gilt es, bei der Planung von Projekten herauszufinden, wer am Projekt beteiligt und wer vom Projekt betroffen ist. In Abschnitt 1.5.6 „Projektumfeld/Stakeholder" wurde das Projektumfeld und die Personengruppe der Stakeholder bereits angesprochen. Die sogenannte **Stakeholderanalyse** identifiziert die Stakeholder und analysiert deren Interessen und Einflussmöglichkeiten auf das Projekt. Als Ergebnis für das Projekt „Bau einer neuen Produktionshalle" ergibt sich z. B. die folgende Tabelle:

Stakeholder

Stakeholder	Interesse	Einfluss
Bürgermeister	Unterstützung des Projektes aufgrund der Gestaltung neuer Arbeitsplätze	positiv, hoch
Anwohner	Blockade des Projektes aufgrund Beeinträchtigungen durch Baulärm	negativ, mittel

2. Projekt planen

Stakeholder	Interesse	Einfluss
Wettbewerber	skeptische Einstellung gegenüber dem Projekt aufgrund der Befürchtung eines noch stärkeren Wettbewerbers durch die Produktionserweiterung	negativ, gering
...	...	...

Die Informationen, die aus dieser Tabelle ablesbar sind, können bei der Projektplanung genutzt werden, um die Erfolgswahrscheinlichkeit für das Projekt einzuschätzen bzw. zu erhöhen. So kann beispielsweise schon vorab mit den einzelnen Stakeholdergruppen Kontakt aufgenommen werden, um positive Effekte zu nutzen und negative Effekte abzuschwächen.

2.3 Projektstrukturplanung

Projektstrukturplanung

Unter Projektstrukturplanung versteht man die Gliederung des Projektverlaufs in zusammengehörige Teilbereiche. Durch eine solche Strukturierung soll die Komplexität reduziert werden, um die spätere Steuerung des Projektes zu unterstützen und an vorab festgelegten Zeitpunkten die richtigen Entscheidungen zu treffen.

In den folgenden beiden Abschnitten soll zunächst der **Phasenplan** als Mittel der Grobgliederung eines Projektes dargestellt werden. Eine weitere Stufe stellt dann der **Projektstrukturplan** dar, der die grobe Einteilung des Phasenplans in eine detailliertere Form bringt.

2.3.1 Phasenplan

Projektphasen Meilensteine

Ein Phasenplan besteht aus zwei Bestandteilen: den **Phasen** und den **Meilensteinen.**

> Nach der DIN 69901 ist eine Projektphase als „zeitlicher Abschnitt eines Projektablaufs, der sachlich gegenüber anderen Abschnitten getrennt ist", definiert.

Vom Projektleiter werden thematisch zusammengehörige Arbeitsschritte des Projektes zu einer Phase zusammengefasst. Die exakte Anzahl der Projektphasen ist dabei nicht vorgegeben – allerdings handelt es sich bei einem Phasenplan um eine **grobe Strukturierung,** sodass eine allzu feine Aufteilung und damit eine zu hohe Zahl an Phasen vermieden werden sollte. Ob ein Projekt nun aber in drei, zehn oder mehr Phasen eingeteilt wird, ist die Entscheidung des Projektleiters. Dabei spielt natürlich die Größe und Komplexität des Projektes eine entscheidende Rolle.

> **Beispiel:**
>
> Ein Bauprojekt kann in einer sehr einfachen Form in die Phasen Vorbereitungsphase, Bauphase und Abschussphase unterteilt werden.

2.3 Projektstrukturplanung

Dabei werden in der **Vorbereitungsphase** alle Aktivitäten zusammengefasst, die zu Beginn des Projektes erledigt werden müssen, also z. B. Planung der Finanzierung, Bankgespräche, Auswahl des Standortes, Einholen der Baugenehmigung usw.

In der **Bauphase** finden sich die Arbeitsschritte des Bauvorgangs an sich, also Bodenaushub, Rohbau, Innenausbau usw. Die **Abschlussphase** besteht dann vor allem aus Tätigkeiten wie Abnahme, Übergabe, Einzug bzw. Inbetriebnahme des Gebäudes.

Beispiel für eine einfache Phasenplanung

Einfache Phasenplanung

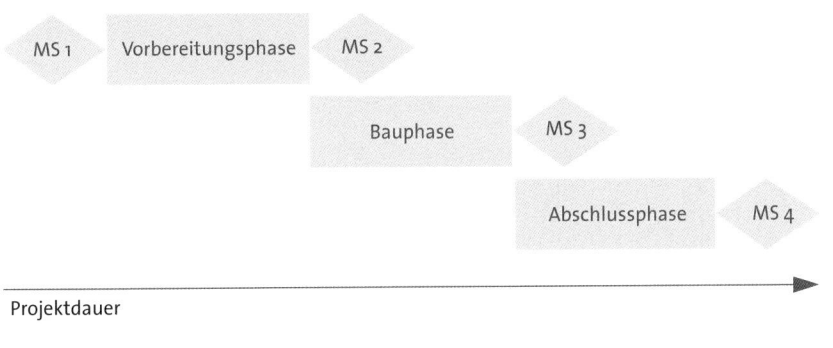

Beispiel:

Sollte die Projektleitung allerdings zum Entschluss kommen, dass die Strukturierung in drei Phasen eine zu grobe Gliederung darstellt, und eine feinere Unterteilung bevorzugen, könnte beispielsweise die Vorbereitungsphase nochmals aufgeteilt werden – woraus dann Phasen wie Planungsphase, Finanzierungsphase, Genehmigungsphase o. Ä. entstehen würden. Genauso wäre auch eine **Unterteilung der Bauphase** z. B. in **Rohbauphase** und **Innenausbauphase** (und ggf. weitere Phasen) denkbar.

Beispiel für eine detaillierte Phasenplanung

Detaillierte Phasenplanung

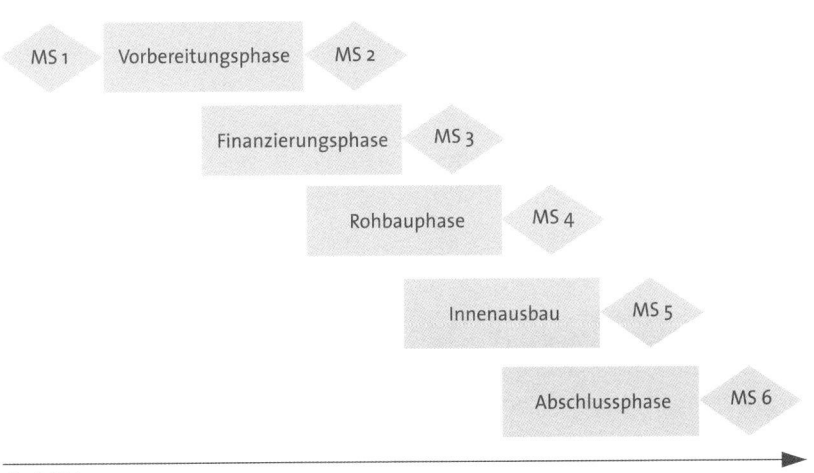

Die Dauer der einzelnen Phasen wird bei der Erstellung des Phasenplans geschätzt. Wie in den beiden Abbildungen zu erkennen ist, können Phasen sowohl hintereinander (= sequentieller Ablauf) angeordnet sein oder sich auch teilweise überlappen (= paralleler Ablauf). So könnte (je nach Planung) z. B. die Innenausbauphase schon etwa bei der Mitte der Rohbauphase starten (vgl. obige Abbildung). Durch eine Überlappung der Phasen wird das Projektende schneller erreicht und damit die Wirtschaftlichkeit des Projektes erhöht. Gleichzeitig steigt jedoch das Risiko in der Projektdurchführung, da Ergebnisse früherer Phasen Änderungen in den Aktivitäten späterer – und bereits begonnener! – Phasen nach sich ziehen können und somit ein erhöhter Aufwand entsteht.

Meilensteine

Weiterhin wurden in den beiden Abbildungen der Phasenpläne **Meilensteine** eingetragen. Diese befinden sich am Ende jeder Phase sowie meist zu Beginn des Phasenplans (Startmeilenstein). Die Meilensteine stellen **Entscheidungspunkte im Projektverlauf** dar.

An den Meilensteinen wird kontrolliert, ob die für die Phase geplanten Aktivitäten im Rahmen ihrer Zielvorgaben (Kosten, Termine, Ergebnisse) erreicht worden sind. Sollte das nicht der Fall sein, ergibt sich durch die regelmäßige Analyse schon früh die Möglichkeit, steuernd einzugreifen. So kann vermieden werden, dass Versäumnisse in frühen Phasen des Projektes bis zum Projektende unentdeckt bleiben und sich damit die negativen Auswirkungen dieser Abweichungen, wie erhöhte Kosten, Terminverzug oder Qualitätsmängel, unter Umständen deutlich erhöhen.

Projektverlauf

Bei jedem Meilenstein muss somit der bisherige Projektverlauf geprüft und eine Entscheidung über den Fortgang des Projekts getroffen werden. Je nach Ergebnis der Analyse kann zwischen den folgenden drei Alternativen gewählt werden:

> Alle geplanten Aktivitäten der Phase sind im Plan:
  Die Phase kann abgeschlossen und das Projekt wie geplant fortgeführt werden!
> Es sind Abweichungen von der Planung (bezüglich der Kosten, Termine oder Ergebnisse) aufgetreten:
  Eine komplette oder teilweise Wiederholung der Phase ist notwendig!
> Es sind Ereignisse aufgetreten, die eine erfolgreiche Fortführung des gesamten Projektes als nicht mehr sinnvoll erscheinen lassen:
  Ein Abbruch des Projektes ist notwendig!

Mit der Erstellung eines Phasenplans wird bereits zum Projektstart für alle Projektbeteiligten eine schnelle und grobe Übersicht des Projektes erreicht sowie die Steuerung im Projektverlauf unterstützt, da fixe Entscheidungspunkte eine Auseinandersetzung mit den bisherigen Ergebnissen des Projektes erfordern.

> Für eine detaillierte Planung des Projektes ist jedoch eine Phasenplanung alleine in der Regel nicht ausreichend. Es bedarf einer feingliederigeren Planung und der Erstellung eines **Projektstrukturplans.**

2.3.2 Projektstrukturplan (PSP)

2.3.2.1 Elemente eines Projektstrukturplans

Mit der Erstellung eines Phasenplans ist lediglich der erste Schritt zur Gliederung und Strukturierung eines Projektes gemacht. Der **Projektstrukturplan (kurz: PSP)** geht jedoch viel weiter. Im Projektstrukturplan werden sämtliche Aktivitäten, die in einem Projekt erledigt werden müssen, in strukturierter und übersichtlicher Form dargestellt.

> Die DIN 69901 definiert einen Projektstrukturplan als „eine vollständige, hierarchische Darstellung aller Elemente (Teilprojekte, Arbeitspakete) der Projektstruktur als Diagramm oder Liste". *Projektstrukturplan*

Während also im Phasenplan die grobe Gliederung des Projektes im Vordergrund steht, dient der Projektstrukturplan dazu, eine **detaillierte Gesamtübersicht über das Projekt** zu erhalten und für Transparenz und ein gemeinsames Verständnis bei allen Projektbeteiligten zu sorgen.

Die Erstellung des Projektstrukturplans soll sicherstellen, dass
> bei der Planung des Projektes kein Arbeitsschritt vergessen oder doppelt aufgeführt wird,
> alle Arbeitsschritte an den logisch richtigen Stellen im Projekt bearbeitet werden,
> bei der Durchführung des Projektes Abweichungen schnell erkannt werden und so
> die Abläufe optimal gesteuert werden können.

Der Projektstrukturplan begleitet das Projekt bis zum Abschluss und stellt damit die Grundlage für die weiteren Planungsschritte dar, wie etwa für die Ablauf- und Terminplanung (vgl. Abschnitt 2.4), für die Einsatzmittelplanung (vgl. Abschnitt 2.5) sowie für die Kosten- und Finanzplanung (vgl. Abschnitt 2.6). Auch die Aktivitäten der Projektkontrolle und -steuerung (vgl. Abschnitt 3.1) basieren auf dem Projektstrukturplan. Fehler bei der Erstellung des Projektstrukturplans haben damit weitreichende Auswirkungen auf den weiteren Projektverlauf – deshalb sollte hier besonders sorgfältig gearbeitet werden.

Bei der Erstellung des Projektstrukturplans wird das Gesamtprojekt in **Teilprojekte** und **Arbeitspakete** strukturiert. Während bei der Phasenplanung in der Regel nur eine geringe Anzahl an Projektphasen definiert werden, fallen bei der Projektstrukturplanung auch in kleineren Projekten oft hundert oder mehr Arbeitspakete an – in größeren Projekten summiert sich die Zahl schnell auf einen vier- oder gar fünfstelligen Wert. *Teilprojekte*

Der Projektstrukturplan stellt das Projekt in Form eines Organigramms **hierarchisch** dar. Dabei steht auf der obersten Ebene das Projekt, darunter wird das Gesamtprojekt in Teilprojekte bzw. Teilaufgaben aufgegliedert. Teilaufgaben können dabei weiter in kleinere Elemente zerlegt werden. Erscheint eine weitere Auftei-

2. Projekt planen

lung nicht mehr sinnvoll, ist man auf der untersten Ebene angelangt – hier liegen die Arbeitspakete (oder auch „Vorgänge").

Arbeitspakete

> Gemäß DIN 69901 wird ein Arbeitspaket als das „kleinste, nicht weiter zergliederte Element im Projektstrukturplan definiert, das auf einer beliebigen Projektstrukturebene liegen kann", und als „eine in sich geschlossene Aufgabenstellung innerhalb des Projekts, die von einer einzelnen Person oder Teams bis zu einem festgelegten Zeitpunkt mit definiertem Ergebnis und Aufwand vollbracht werden kann", beschrieben.

Gesamtprojekt								
Teilprojekt 1		Teilprojekt 2			Teilprojekt 3			
Teil-projekt 1.1	Teil-projekt 1.2	Teil-projekt 2.1	Teil-projekt 2.2	Teil-projekt 2.3	Teil-projekt 3.1	Teil-projekt 3.2	Teil-projekt 3.3	
AP 1.1.1	AP 1.2.1	AP 2.1.1	AP 2.2.1	AP 2.3.1	AP 3.1.1	AP 3.2.1	AP 3.3.1	
AP 1.1.2	AP 1.2.2	AP 2.1.2	AP 2.2.2	AP 2.3.2	AP 3.1.2	AP 3.2.2	AP 3.3.2	
AP 1.1.3	AP 1.2.3			AP 2.3.3	AP 3.1.3			

Arbeitspaketverantwortlicher

Die Arbeitspakete werden vom Projektleiter festgelegt und hängen von der Größe und Komplexität des Projekts ab. Weiterhin spielen auch die Kompetenzen und der Spezialisierungsgrad der Projektmitarbeiter eine entscheidende Rolle, da jedes Arbeitspaket einem **Arbeitspaketverantwortlichen** zugeteilt wird, der für die komplette und einwandfreie Durchführung des Arbeitspakets zuständig ist. Zwar bedeutet diese Zuteilung nicht zwingend, dass der Arbeitspaketverantwortliche auch die Aufgaben des Arbeitspakets selbst durchführen muss. So kann beispielsweise ein für ein Arbeitspaket verantwortlicher Handwerksmeister die Erledigung der Aufgaben durchaus an seine Mitarbeiter (Gesellen/Lehrlinge) delegieren – die Verantwortung für die korrekte Abarbeitung des Arbeitspakets (gegenüber der Projektleitung bzw. dem Auftraggeber) liegt aber trotzdem weiterhin bei ihm.

Die Entscheidung, wie detailliert der Projektstrukturplan gegliedert sein soll, trifft der Projektleiter. Grundsätzlich gilt es, ein Projekt so fein wie nötig, aber auch so grob wie möglich zu gliedern. Das Ziel der Projektleitung muss sein, den Überblick über das Projekt zu behalten und die Kosten für die Planung in einem angemessenen Rahmen zu halten. Gleichzeitig muss allerdings auch gewährleistet sein, dass den Projektmitarbeitern eindeutige Arbeitsaufträge übertragen werden können. Die Arbeitspakete müssen dafür so gestaltet werden, dass sie **ohne inhaltliche Überschneidungen** zu anderen Arbeitspaketen abgearbeitet und kontrolliert werden können.

Wie in der vorigen Abbildung ersichtlich ist, werden die Teilprojekte und Arbeitspakete in einem Projektstrukturplan codiert – im gezeigten Beispiel wurde eine einfache numerische Codierung (1, 1.1, 1.1.1 usw.) gewählt. Andere Codierungsformen wären natürlich ebenfalls möglich gewesen, z. B. eine alphanumerische Codierung, bei der Buchstaben und Zahlen kombiniert werden (A1, A1.1, A1.1.1 usw.).

Die Codierung wird bei der Erstellung des Projektstrukturplans fest vergeben und dient dazu, die Arbeitspakete eindeutig zu kennzeichnen – jedes Arbeitspaket er-

2.3 Projektstrukturplanung

hält also seinen eigenen, einmaligen Code. Egal, welche Codierungsform gewählt wird, es sollte immer eine hierarchische Nummerierung entstehen, d. h. etwa, dass Arbeitspaket 1.3 das dritte Arbeitspaket des ersten Teilprojektes ist.

So können Verwechslungen vermieden werden – gerade wenn Aktivitäten in Projekten an verschiedenen Stellen durchzuführen sind.

Beispiel:

Bei der Aussage „Arbeitspaket 1.3: Fliesenlegen im Bad ist abgeschlossen!" ist durch die Codierung eindeutig festgelegt, welcher Raum gemeint ist – dies ist gerade dann wichtig, wenn etwa in einem Bauprojekt mehrere Bäder vorhanden sind und somit Verwechslungsgefahr besteht.

2.3.2.2 Gliederungsprinzipien eines Projektstrukturplans

Aber nicht nur der Detaillierungsgrad des Projektstrukturplans liegt in der Verantwortung des Projektleiters, sondern auch sein logischer Aufbau – also sein **Gliederungsprinzip.** In der Praxis haben sich vier verschiedene Gliederungsprinzipien etabliert.

Gliederungsprinzipien eines Projektstrukturplans

Gliederung des Strukturplans

```
                Gliederungsprinzipien eines Projektstrukturplans
        ┌───────────────┬───────────────┬───────────────┬───────────────┐
   nach Phasen      nach Objekten    nach Funktionen/    gemischte
                                      Verrichtungen     Gliederung
```

Im Folgenden sollen die unterschiedlichen Varianten der Gliederung eines Projektstrukturplans am Beispiel eines Bauprojektes dargestellt werden. Es wird an dieser Stelle darauf hingewiesen, dass dabei die Gliederung in einzelnen Bereichen vereinfacht dargestellt wird, in der Praxis ist eine breitere Unterteilung denkbar und wohl auch sinnvoll.

> **Gliederung nach Projektphasen**
> Die Gliederung des Projektstrukturplans nach Projektphasen bedient sich der Überlegungen aus der Phasenplanung (vgl. Abschnitt 2.3.1), in der thematisch zusammengehörige Arbeitsschritte des Projektes zu einer Phase zusammengefasst worden sind.

Nach Projektphasen

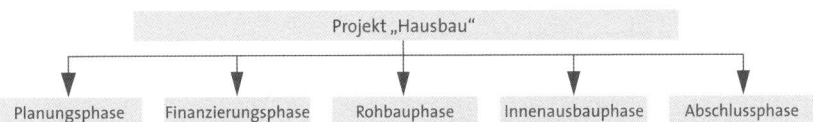

Es entsteht somit eine (vor allem für die oberste Gliederungsebene) sinnvolle Gliederungsmöglichkeit für ein Projekt. Die phasenorientierte Gliederung ist z. B. bei Forschungs- und Entwicklungsprojekten sinnvoll, bei denen verschiedene Phasen durchlaufen werden, bevor das Endprodukt fertiggestellt wird.

Nach Objekten

> **Gliederung nach Objekten**
> Beim objektorientierten Gliederungsprinzip stehen konkrete Objekte im Vordergrund – hier kommen beispielsweise die Bestandteile des Endprodukts infrage, die im Projekt entstehen sollen.

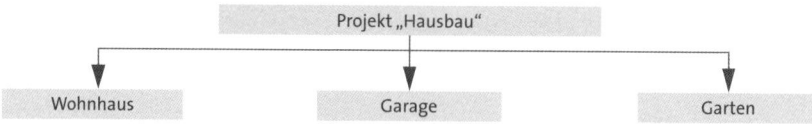

Eine objektorientierte Gliederung bietet sich vor allem dann an, wenn eine Vielzahl ähnlich gearteter Tätigkeiten bei verschiedenen Objekten anfallen (also z. B. Elektroarbeiten sowohl im Haus als auch in der Garage). Mit diesem Gliederungsprinzip wird die Kostenkontrolle bei der Projektdurchführung erleichtert.

Nach Funktionen

> **Gliederung nach Funktionen/Verrichtungen**
> Die Gliederung nach Funktionen bzw. Verrichtungen zielt auf die wichtigsten Tätigkeiten, die bei der Projektdurchführung erledigt werden müssen, ab.

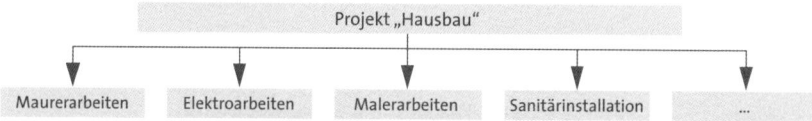

Dieses Gliederungsprinzip bietet sich z. B. dann an, wenn in einem Projekt viele Spezialisten für verschiedene Tätigkeiten beteiligt sind und somit eine klare Arbeitsteilung herrscht. Im Beispiel ist dies durch die Aufteilung in die verschiedenen Gewerke dargestellt. Ein Vorteil dieser Gliederung ist, dass sich alle Beteiligten sehr schnell in der Projektstruktur zurechtfinden, da ihnen diese Struktur bzw. ihr Spezialgebiet vertraut sind.

Gemischte Gliederung

> **Gemischte Gliederung**
> In der Praxis werden die drei dargestellten Gliederungsarten oft in gemischter Form angewendet. Wichtig dabei ist, dass die Entscheidung für ein Gliederungsprinzip auf der jeweiligen Gliederungsebene beibehalten wird und nicht auf einer Ebene mehrere Varianten vermischt werden. Die verschiedenen Ebenen können aber nach verschiedenen Gliederungsprinzipien aufgebaut sein, wobei die Auswahl und Reihenfolge der Gliederungsvarianten dem Projektleiter überlassen bleibt.
> In der Abbildung wird als Beispiel eine gemischte Gliederung dargestellt, die auf der obersten Gliederungsebene objektorientiert und auf der zweiten Gliederungsebene nach Funktionen gegliedert ist.

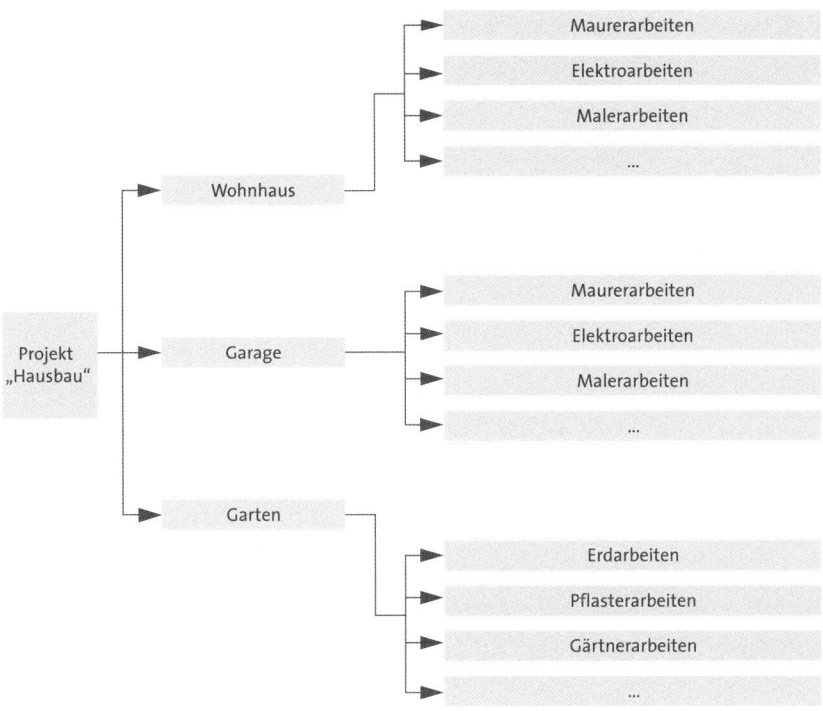

2.4 Ablauf- und Terminplanung

> Bei der Projektstrukturplanung steht die Frage **„Was ist im Projekt zu tun?"** im Vordergrund – daher wurden hier die Teilprojekte und Arbeitspakete des Projektes bestimmt und in eine logische, hierarchische Struktur gebracht. Die Ablauf- und Terminplanung basiert auf dem Projektstrukturplan, geht aber einen Schritt weiter und beschäftigt sich mit der Frage **„Was ist wann im Projekt zu tun?"**.

Es geht bei diesem Schritt also darum, alle Aktivitäten des Projektes in eine chronologische Reihenfolge zu bringen, die Dauer sowie die Start- und Endtermine der einzelnen Arbeitspakete festzulegen und die Beziehungen und Schnittstellen zwischen den einzelnen Projektteilen zu erkennen, um damit schlussendlich die Projektdauer festlegen zu können.

Nachfolgend werden verschiedene Techniken der Ablauf- und Terminplanung vorgestellt. An dieser Stelle soll wiederum darauf hingewiesen werden, dass in einfachen Projekten nicht unbedingt alle dieser Möglichkeiten angewendet werden müssen – auch hier liegt die Entscheidung, welches Instrument der Ablauf- und Terminplanung Verwendung finden soll, bei der Projektleitung.

Ablauf- und Terminplanung

2.4.1 Vorgangsliste

2.4.1.1 Elemente einer Vorgangsliste

Vorgangsliste

Im ersten Schritt der Ablauf- und Terminplanung geht es darum, eine **Vorgangsliste** zu erstellen. Für eine Vorgangsliste werden alle im Projektstrukturplan gesammelten Arbeitspakete (= Vorgänge) in (möglichst) chronologischer Reihenfolge in eine Tabelle aufgenommen. Darin stehen neben der Codierung der einzelnen Vorgänge (vgl. Abschnitt 2.3.2 a) der Vorgangsname, die Dauer des jeweiligen Vorgangs, der Arbeitspaketverantwortliche sowie die Vorgängerbeziehungen (also die Antwort auf die Frage: „Welcher Vorgang muss abgeschlossen sein, damit dieser Vorgang starten kann?").

So entsteht eine Vorgangsliste, wie sie beispielhaft (und ausschnittsweise) in der folgenden Abbildung aufgezeigt wird.

Beispiel für eine Vorgangsliste in einem Bauprojekt

Codierung	Arbeitspaket (= Vorgang)	Dauer	Arbeitspaket-Verantwortlicher	Vorgänger
...	...	...	...	...
3.1	Trockenbauarbeiten	8 Std.	Hr. Bauer	2.8
3.2	Elektroinstallation	9 Std.	Fr. Müller	2.8, 3.1
3.3	Sanitärinstallation	12 Std.	Hr. Huber	3.1, 3.2
3.4	Fliesenlegerarbeiten	12 Std.	Hr. Meier	3.3
...	...	...	...	...

2.4.1.2 Bestimmung der Vorgänger-Nachfolger-Beziehungen

Vorgänger-Nachfolger-Beziehungen

In einer Vorgangsliste werden also alle Vorgänge eines Projektes zeitlich strukturiert und mit zusätzlichen Informationen dargestellt. Die Bestimmung der **Arbeitspaketverantwortlichen** obliegt ebenso wie die Bestimmung von **Vorgänger-Nachfolger-Beziehungen** dem Projektleiter. Dieser sollte sich hier mit den jeweiligen Fachexperten besprechen, um eine fachlich korrekte Strukturierung zu erreichen – denn vor allem durch die parallele Abarbeitung mehrerer Arbeitspakete kann eine erhebliche Reduzierung der Projektdauer (und somit auch der Projektkosten) erreicht werden.

Bei der Bestimmung der Vorgänger-Nachfolger-Beziehungen für die Erstellung einer Vorgangsliste müssen zwei Punkte beachtet werden:

> Der erste Vorgang in einer Vorgangsliste stellt den Projektstart dar (ggf. kann als Startvorgang auch der Meilenstein „Projektstart" eingefügt werden). Dieser Vor-

gang hat damit keinen Vorgänger. Werden mehrere Arbeitspakete zu Projektbeginn gleichzeitig bearbeitet, so haben diese Vorgänge allesamt keine Vorgänger.
> Jeder Vorgang in der Vorgangsliste muss mit mindestens einem Vorgang in einer Vorgänger-Nachfolger-Beziehung stehen. Ist dies nicht der Fall, muss überprüft werden, ob der Vorgang für das Projekt wirklich notwendig ist oder aber entfernt werden kann.

2.4.1.3 Bestimmung der Vorgangsdauer

Ein weiterer wichtiger Schritt ist die möglichst korrekte Bestimmung der Vorgangsdauer, was sich in der Praxis oftmals schwierig gestaltet. Da durch die Einmaligkeit und die Neuartigkeit eines Projektes oftmals die Vergleichswerte fehlen (vgl. Abschnitt 1.3 „Merkmale eines Projektes"), ist eine exakte Bestimmung der Dauer der jeweiligen Vorgänge in der Regel nur sehr schwer möglich. Allerdings stellt eine seriös bestimmte Dauer die Basis für die weiteren Planungsschritte dar, da sich daraus die exakten Termine ableiten lassen. An diesen orientiert sich das Projektteam bei der Projektdurchführung. In der Praxis haben sich für die Bestimmung der Vorgangsdauer verschiedene Verfahren etabliert. Drei davon sollen hier exemplarisch vorgestellt werden:

Bestimmung der Vorgangsdauer

> **Delphi-Methode**
> Bei der Delphi-Methode werden für eine möglichst exakte Bestimmung der Vorgangsdauer systematisch mehrere Experten auf diesem Fachgebiet befragt, um möglichst realistische Ergebnisse zu erhalten. Hier wird also die Expertise und Erfahrung von Personen genutzt, für die die zu leistenden Arbeiten nicht völlig neu sind, sondern (zumindest teilweise) Routinecharakter besitzen. Als Beispiel wäre hier zu nennen, dass sich der Projektleiter in der Planung mit den im Projekt tätigen Experten des jeweiligen Gewerkes bespricht – oder aber auch andere Projektleiter oder Spezialisten aus befreundeten Firmen um Rat fragt.

Delphi-Methode

> **Analogieverfahren**
> Beim Analogie-Verfahren wird auf eigene gemachte Erfahrungen zurückgegriffen. Hier werden also der Schätzung z. B. die Ist-Werte aus früheren, vergleichbaren Projekten zugrunde gelegt und diese auf die neue Ausgangssituation angepasst. So kann durch die gemachten Erfahrungen beispielsweise in Bauprojekten die Dauer je Quadratmeter (z. B. beim Fliesenlegen, Verputzen o. Ä.) als Ausgangswert gelten, der dann aber auf die neue Situation (z. B. neue Verlegetechnik, neues Material o. Ä.) angeglichen werden muss.

Analogieverfahren

> **Dreizeitenschätzung**
> Eine weitere Methode zur Bestimmung von Vorgangsdauern stellt die Dreizeitenschätzung dar. Bei dieser Methode werden mehrere Experten gebeten, zum einen die optimistische Zeit (= die benötigte Zeit, wenn alles optimal funktioniert), die pessimistische Zeit (= die benötigte Zeit, wenn grobe Fehler begangen werden oder sich gravierende Probleme ergeben) und die wahrscheinliche Zeit (= die benötigte Zeit, wenn alles „normal" läuft) zu schätzen.
> Für die Bestimmung der Dauer werden nun diese Zeiten gewichtet – z. B. geht der „wahrscheinliche Wert" vierfach in die Berechnung ein, die anderen beiden Werte aber nur einfach. Daraus wird anschließend ein Mittelwert errechnet. Durch die Kombination dieser drei Schätzwerte ergeben sich in der Praxis zumeist relativ genaue Ergebnisse.

Dreizeitenschätzung

Zusammenfassend lassen sich für die Bestimmung der Vorgangsdauer folgende Tipps geben:

> Erfahrene Kollegen (mit Erfahrung als Projektleiter oder Projektmitarbeiter) befragen.
> Die Dokumentationsunterlagen früherer, vergleichbarer Projekte zu Hilfe nehmen.
> Expertenmeinungen unabhängiger, externer Fachleute hinzuziehen.

Achtung!
Egal, welche Verfahren in der Planungsphase zur Bestimmung der Dauer von Arbeitspaketen angewendet werden und wie exakt die Eintragung in den jeweiligen Plänen erscheint – es handelt sich hierbei letztendlich immer um Schätzungen (also Soll-Werte). Die tatsächlichen Ist-Werte werden bei fast allen Projekten von der geplanten Dauer abweichen. Ein Nachjustieren während des Projektverlaufs (siehe Abschnitt 3.1 „Projektkontrolle und -steuerung") ist daher in der Regel unvermeidbar.

Bei der Einrechnung von Zeitpuffern schon in der Planungsphase ist Vorsicht geboten: Zwar sind gewisse Pufferzeiten natürlich sinnvoll, um nicht schon bei der geringsten terminlichen Verzögerung in Zeitnot zu geraten. Allerdings erhöhen allzu großzügige Pufferzeiten die Gesamtdauer und damit die Kosten des Projekts. Häufig ist ein gewisser Termindruck auch zielführend, um ein Projekt schnell zu einem Ende bringen zu können: Denn wenn sich die Projektbeteiligten nicht auf einen integrierten Zeitpuffer verlassen können, sind sie „gezwungen", ihre Aufgaben zielstrebig abzuarbeiten.

2.4.2 Netzplantechnik

Netzplan

Auf der Basis der bisher geleisteten Planungsschritte lässt sich ein **Netzplan** erstellen, der die in der Vorgangsliste angeordneten Vorgänge grafisch darstellt. Mit dem Netzplan werden die logischen und zeitlichen Abhängigkeiten der Arbeitspakete zueinander sichtbar gemacht. Ein Vorteil der Netzplantechnik ist, dass dieser für alle Projekte – unabhängig von deren Größe – einfach angewendet werden kann und die Projektplanung sowie das Projektcontrolling unterstützt.

Es existieren drei grundlegende Varianten der Netzplantechnik: die Vorgangspfeiltechnik, die Ereignisknotentechnik und die Vorgangsknotentechnik. Im Folgenden soll lediglich die **Vorgangsknotentechnik** beschrieben werden. Bei dieser Methode werden die Vorgänge als Knoten und die Anordnungsbeziehungen zwischen den Vorgängen als Pfeile dargestellt.

Vorgangsknoten

2.4.2.1 Elemente eines Netzplans

Ein (Vorgangsknoten-)Netzplan besteht aus zwei Elementen: den (Vorgangs-)Knoten und den Pfeilen zwischen den Knoten.

Die **Knoten** eines Netzplans stellen die Arbeitspakete bzw. Vorgänge dar, die im Projekt abgearbeitet werden müssen. In einem vollständigen Netzplan finden sich in jedem Knoten (mindestens) die folgenden Informationen zum jeweiligen Vorgang:

> Codierung/Vorgangsnummer
> Vorgangsname

2.4 Ablauf- und Terminplanung

> Dauer des Vorgangs
> frühester Anfangszeitpunkt (= FAZ) des Vorgangs
> spätester Anfangszeitpunkt (= SAZ) des Vorgangs
> frühester Endzeitpunkt (= FEZ) des Vorgangs
> spätester Endzeitpunkt (= SEZ) des Vorgangs

Die verschiedenen Zeitpunkte werden dabei meist in der Anzahl der Tage (bzw. auch Stunden oder Wochen) seit Projektbeginn angegeben. Aus den Informationen in den Knoten lässt sich dann leicht die **Pufferzeit** des Vorgangs ablesen. Die Pufferzeit ist die Zeit, um die sich ein Vorgang ohne Auswirkungen auf die Dauer des Gesamtprojektes verlängern bzw. nach hinten verschieben lässt.

Pufferzeit

Schematische Darstellung eines Vorgangsknotens

Die genaue Darstellung eines Knotens bzw. die Anordnung der enthaltenen Felder im Knoten kann variieren, ggf. können auch noch weitere Informationen (z. B. Arbeitspaketverantwortlicher o. Ä.) im Knoten aufgeführt werden.

Die **Pfeile** zwischen den Vorgangsknoten stellen die logischen Abhängigkeiten zwischen den einzelnen Vorgängen (= Vorgänger-Nachfolger-Beziehungen) dar. Zur Vereinfachung wird bei den Vorgänger-Nachfolger-Beziehungen zunächst von klassischen Ende-Anfang-Beziehungen ausgegangen. Das bedeutet, der Vorgänger muss beendet sein, ehe der Nachfolger starten kann. Es sind auch noch weitere Vorgänger-Nachfolger-Beziehungen möglich, diese werden später in Abschnitt 2.8 „Besonderheiten bei der Netzplantechnik" genauer beschrieben.

Pfeile

2.4.2.2 Erstellung der Grundstruktur

Auf Basis der Vorgangsliste wird für jeden einzelnen Vorgang ein „Kästchen" (vgl. Abbildung oben) erstellt. Dieses wird mit den bereits aus der Vorgangsliste bekannten Informationen (Codierung, Vorgangsname, Vorgangsdauer) befüllt. Der früheste Anfangszeitpunkt des ersten Vorgangs wird entweder als Datum oder Zeiteingabe (z. B. 1. Januar 2020, 8 Uhr) in den Netzplan eingetragen. Häufig wird aber auch vereinfacht vom Tag „0" ausgegangen, um die folgenden Berechnungen leichter zu gestalten.

Nun können die Pfeile zwischen den einzelnen Knoten eingezeichnet werden. Jeder Pfeil startet beim Vorgänger-Vorgang und zeigt mit seiner Spitze auf den Nachfolger-Vorgang.

Die Grundstruktur des Netzplans ist damit komplett. Es können nun die weiteren Informationen (FAZ, SAZ, FEZ, SEZ) der einzelnen Knoten berechnet werden.

2.4.2.3 Vorwärtsrechnung

Vorwärtsrechnung

Den ersten Teil der Berechnung eines Netzplans stellt die **Vorwärtsrechnung** dar, mit der die frühesten Anfangs- und Endzeitpunkte (FAZ und FEZ) der einzelnen Vorgänge berechnet werden.

Ausgehend vom frühesten Anfangszeitpunkt (FAZ) des Projektstarts (= erster Vorgang) wird in Pfeilrichtung – also „vorwärts" – der gesamte Netzplan von Vorgang zu Vorgang bis zum Projektende abgeschritten.

Auf diesem Weg werden die folgenden Berechnungen ausgeführt:

> Der **früheste Endzeitpunkt (FEZ) eines Vorgangs** ergibt sich jeweils aus dem frühesten Anfangszeitpunkt (FAZ) des Vorgangs, addiert mit seiner Dauer.
> In mathematischer Schreibweise lässt sich dies wie folgt darstellen:
> **FEZ = FAZ + Dauer**

> Der **früheste Anfangszeitpunkt (FAZ) eines Vorgangs** ergibt sich jeweils aus dem frühesten Endzeitpunkt (FEZ) seines Vorgängers, d. h., der gerade errechnete FEZ wird an alle direkten Nachfolger als FAZ übertragen: **$FAZ_{Nachfolger} = FEZ_{Vorgänger}$**

> Sollte ein Vorgang **mehrere Vorgänger** haben, muss für seinen frühesten Anfangszeitpunkt (FAZ) einer der frühesten Endzeitpunkte (FEZ) seiner Vorgänger ausgewählt werden. Da zum FAZ alle Vorgänger komplett beendet sein müssen, um diesen Vorgang beginnen zu können, fällt hier die Wahl auf den höchsten Wert der möglichen FEZ: **$FAZ_{Nachfolger} = max(FEZ_{Vorgänger})$**

Werden diese Regeln bei der Vorwärtsrechnung über den gesamten Netzplan hinweg beachtet, ergibt sich zum Ende die **geplante Gesamtdauer des Projektes** als frühester Endzeitpunkt (FEZ) des letzten Vorgangs. Mit dem Abschluss der Vorwärtsrechnung haben sich also bereits weitere Informationen zu den einzelnen Vorgängen (FAZ, FEZ) bzw. zum gesamten Projekt (Projektdauer) ergeben, die vorher nicht bekannt waren.

2.4.2.4 Rückwärtsrechnung

Rückwärtsrechnung

Als nächster Schritt erfolgt das Abschreiten und Berechnen entgegen der Pfeilrichtung – also „rückwärts" – die **Rückwärtsrechnung**. Dabei werden die folgenden Berechnungen ausgeführt:

> Das Endergebnis der Vorwärtsrechnung, der früheste Endzeitpunkt (FEZ) des letzten Vorgangs (= Projektende), wird als spätester Endzeitpunkt (SEZ) dieses Vorgangs übernommen: **$SEZ_{Projektende} = FEZ_{Projektende}$**

> Der **späteste Anfangszeitpunkt (SAZ) eines Vorgangs** ergibt sich dann jeweils aus dem spätesten Endzeitpunkt des Vorgangs (SEZ) abzüglich seiner Dauer:
> **SAZ = SEZ - Dauer**

> Der **späteste Endzeitpunkt (SEZ) eines Vorgangs** ergibt sich jeweils aus dem spätesten Anfangszeitpunkt (SAZ) seines Nachfolgers, d. h., der gerade errechnete SAZ wird an alle direkten Vorgänger als SEZ übertragen:
> **$SEZ_{Vorgänger} = SAZ_{Nachfolger}$**

> Sollte ein Vorgang **mehrere Nachfolger** haben, muss für seinen spätesten Endzeitpunkt (SEZ) einer der spätesten Anfangszeitpunkte (SAZ) seiner Nachfolger ausgewählt werden. Da zum SEZ alle Nachfolger spätestens beginnen sollen, um das Projektende nicht zu verschieben, fällt hier die Wahl auf den niedrigsten Wert der möglichen SAZ: **$SEZ_{Vorgänger} = min(SAZ_{Nachfolger})$**

2.4 Ablauf- und Terminplanung

Tipps zur Überprüfung, ob richtig gerechnet worden ist:

> Werden die Regeln der Rückwärtsrechnung über den gesamten Netzplan hinweg beachtet, muss sich für den frühesten Anfangszeitpunkt (FAZ) des Projektstarts wieder der gleiche Wert ergeben, von dem zu Beginn der Berechnungen ausgegangen worden ist (also das vorgegebene Startdatum, die vorgegebene Zeitangabe bzw. der gewählte Tag „0").

> Weiterhin gilt, dass die Differenz zwischen SAZ und FAZ eines jeden Vorgangs gleich der Differenz von SEZ und FEZ des Vorgangs sein muss:
> **SAZ - FAZ = SEZ - FEZ**

Zeigen sich hier Abweichungen, so sind bei der Vorwärts- oder der Rückwärtsrechnung ein oder mehrere Fehler passiert und die Berechnungen im Netzplan müssen nochmals überprüft werden.

2.4.2.5 Erkenntnisse aus dem Netzplan

Wie bereits dargestellt, ergeben sich in der Vorwärtsrechnung die frühesten Anfangs- und Endzeitpunkte (FAZ und FEZ) eines jeden Vorgangs, wobei der FEZ des letzten Vorgangs der geplanten Projektdauer entspricht. Durch die Rückwärtsrechnung werden dann die spätesten Anfangs- und Endzeitpunkte (SAZ und SEZ) der Vorgänge bestimmt und in den Netzplan eingetragen.

Diese Ergebnisse liefern wichtige Erkenntnisse für die Projektleitung, denn es ist nun klar,

Erkenntnisse aus dem Netzplan

> wann ein Vorgang frühestens begonnen bzw. beendet werden kann, damit das Projekt „nach Plan" läuft.

> wann ein Vorgang spätestens begonnen bzw. beendet werden muss, um die geplante Projektdauer einzuhalten.

> wie viel Pufferzeit bei den Vorgängen vorhanden ist, d. h. wie weit sich ein Vorgang ohne Auswirkungen auf die Dauer des Gesamtprojektes verlängern bzw. nach hinten verschieben darf. Die Pufferzeit eines Vorgangs ergibt sich aus der Differenz zwischen SAZ und FAZ bzw. zwischen SEZ und FEZ des betreffenden Vorgangs: **Puffer = SAZ - FAZ** bzw. **Puffer = SEZ - FEZ**

> dass es Vorgänge gibt, die keine Pufferzeit besitzen – nämlich dann, wenn deren SAZ und FAZ bzw. SEZ und FEZ identisch sind.
> Diese Vorgänge liegen auf dem **kritischen Weg (bzw. kritischen Pfad)**. Eine Verzögerung bei einem kritischen Vorgang hat immer eine Verzögerung der Dauer des Gesamtprojektes zur Folge. Hier bestehen also keine zeitlichen Reserven.

Kritischer Weg

Zu beachten:
In jedem Projekt gibt es (mindestens) einen kritischen Weg. Dieser besteht aus allen Vorgängen ohne Pufferzeit und verläuft ohne Unterbrechung vom Projektstart bis zum Projektende!

Speziell den Vorgängen auf dem kritischen Weg sollte besondere Beachtung geschenkt und bei einer Verzögerung (wenn möglich) schnellstens gegengesteuert werden – etwa durch Aufstockung der eingeplanten Mitarbeiter, durch die Anordnung von Mehrarbeit oder ähnliche Maßnahmen.

2.4.2.6 Besonderheiten bei der Netzplantechnik

Spezialfälle Netzplantechnik

In den vorigen Abschnitten wurde die grundlegende Erstellung und Berechnung eines Netzplans beschrieben. Dabei wurde zunächst von vereinfachten Annahmen ausgegangen, um die einzelnen Schritte der Berechnung möglichst übersichtlich erläutern zu können.

Nun soll allerdings noch auf Spezialfälle bei der Netzplantechnik eingegangen werden:

Wartezeit zwischen Vorgängen

> **Wartezeit zwischen zwei Vorgängen**
> Eine Besonderheit bei der Erstellung eines Netzplans ist das Einbeziehen von Wartezeiten zwischen zwei Vorgängen. Beispiele hierfür sind etwa Trockenzeiten, also z. B. wenn auf einer Baustelle der Estrich trocknen muss, bevor gefliest werden kann, oder wenn der Kleber bei einem Modellbau aushärten muss, bevor mit der weiteren Gestaltung des Modells fortgefahren werden kann. Um solche Wartezeiten in den Netzplan zu übernehmen, gibt es zwei Möglichkeiten:
>
> – **Wartezeiten auf die Pfeile schreiben**
> Kann der Nachfolger-Vorgang aufgrund einer Wartezeit z. B. erst 2 Tage später beginnen, kann dies direkt auf dem Verbindungspfeil der beiden Vorgänge im Netzplan mit der Eintragung „+2 Tage" vermerkt werden.
>
> Zu beachten ist, dass dieser Wert bei der Vorwärtsrechnung, also beim Übernehmen vom FEZ des Vorgängers als FAZ des Nachfolgers, hinzugerechnet werden muss, und bei der Rückwärtsrechnung, also beim Übernehmen vom SAZ des Nachfolgers als SEZ des Vorgängers, abgezogen werden muss!
>
> – **Scheinvorgänge aufnehmen**
> Das Eintragen von Wartezeiten direkt auf den Verbindungspfeilen ist eine einfache und schnelle Möglichkeit, mit Wartezeiten umzugehen und diese in die Berechnung mit aufzunehmen. Es zeigt sich jedoch, dass bei der Berechnung „von Hand" und einer Vielzahl von eingetragenen Wartezeiten immer wieder Eintragungen übersehen werden und so falsche Ergebnisse entstehen.
>
> Die Möglichkeit der Aufnahme von Scheinvorgängen setzt daher schon einen Schritt früher an. Sie ist etwas aufwendiger in der Eintragung, wird dafür aber auch seltener bei der Berechnung übersehen. Der Netzplan kann durch die Aufnahme eines Scheinvorgangs, also eines kompletten neuen „Kästchens" im Netzplan zwischen den beiden betroffenen Vorgängen, erweitert werden. Für diesen Scheinvorgang wird dann als Dauer die Wartezeit (im Beispiel „2 Tage") vergeben, und er wird bei der Berechnung wie ein normaler Vorgang im Netzplan behandelt.
>
> Auf die spätere Aufwands- und Kostenplanung hat ein Scheinvorgang keinen Einfluss, da hier weder Material noch Personal verbraucht wird, sondern lediglich die Zeit abgewartet werden muss.

Überlappungen

> **Überlappungen zwischen zwei Vorgängen**
> Analog dazu, wie Wartezeiten in einen Netzplan integriert werden können, verhält es sich mit Überlappungen zwischen zwei Vorgängen. Überlappungen ent-

stehen beispielsweise dann, wenn der Vorgänger-Vorgang noch nicht komplett abgeschlossen sein muss, um mit dem Nachfolger-Vorgang zu beginnen.

> **Beispiel:**
>
> Es kann mit den Malerarbeiten im Erdgeschoss eines Hauses schon begonnen werden, wenn in diesem Bereich die Wände verputzt sind – auch wenn das Verputzen in den anderen Stockwerken noch nicht komplett fertig ist.
>
> Oder aber man kann bzw. sollte schon vor der kompletten Fertigstellung eines Prototyps in die Marketingplanung gehen, um diesen bei der nächsten Fachmesse präsentieren zu können.

Für die Eintragung von Überlappungen im Netzplan gelten dieselben Möglichkeiten, die vorher bei den Wartezeiten beschrieben wurden. Es kann also auch hier zwischen der Eintragung auf dem Verbindungpfeil (dann allerdings als negativer Wert „-2 Tage") oder der Aufnahme eines Scheinvorgangs (mit negativer Dauer) gewählt werden.

> **Anordnungsbeziehungen (= Vorgänger-Nachfolger-Beziehungen)**
In den bisherigen Erläuterungen zur Ablauf- und Terminplanung wurde immer davon ausgegangen, dass die Arbeitspakete des Projektes in einer Beziehung zueinander stehen, die besagt: „Erst wenn der eine Vorgang abgeschlossen ist, dann kann der nächste Vorgang beginnen!"
Diese Art der Anordnungsbeziehung wird als **Normalfolge (Ende-Anfang-Beziehung)** bezeichnet. Die Normalfolge stellt in den meisten Fällen auch die logische Verbindung zwischen zwei Vorgängen dar.

Anordnungsbeziehungen

> **Beispiel:**
>
> Erst wenn der Dachstuhl fertig ist, kann das Dach gedeckt werden.

Neben der Normalfolge gibt es aber noch drei weitere Arten von Anordnungsbeziehungen zwischen Vorgängen:

– **Anfangsfolge (Anfang-Anfang-Beziehung)**
Die beiden in Beziehung stehenden Arbeitspakete können gleichzeitig beginnen, sobald das Vorgänger-Arbeitspaket anfängt, kann auch das Nachfolger-Arbeitspaket starten.

> **Beispiel:**
>
> Wird mit dem Einbau der Fenster angefangen, kann gleichzeitig auch der Einbau der Türen beginnen.

Diese Beziehungsart kann z. B. dann verwendet werden, wenn zwei Vorgänge die gleichen Startvoraussetzungen haben und somit auch zeitgleich starten können – im Beispiel also etwa dann, wenn Fenster und Türen mit der gleichen Lieferung an der Baustelle ankommen.

- **Endfolge (Ende-Ende-Beziehung)**
  Um das nachfolgende Arbeitspaket abschließen zu können, muss das vorausgehende Arbeitspaket abgeschlossen sein. Diese Beziehung wird z. B. dann verwendet, wenn Arbeiten zum Teil parallel durchgeführt werden können, aber für den kompletten Abschluss des einen Arbeitspakets der Abschluss des anderen Arbeitspakets unabdingbare Voraussetzung ist.

  Beispiel:

  Um den Vorgang „Umzug in die neue Produktionshalle" abschließen zu können, muss der Vorgang „Maschinen in der alten Produktionshalle abbauen" komplett beendet sein.

- **Sprungfolge (Anfang-Ende-Beziehung)**
  Die Sprungfolge ist eine Beziehung, die in der Praxis nur sehr selten Anwendung findet und daher hier auch nicht näher beschrieben werden soll. Sie wird, wenn überhaupt, nur zum Definieren von maximalen Abständen zwischen dem Anfang des Vorgänger-Arbeitspakets und dem Ende des Nachfolger-Arbeitspakets verwendet.

Wartezeiten, Überlappungen und Anordnungsbeziehungen können natürlich auch beliebig kombiniert werden. So ist es z. B. möglich, zwei Vorgänge wie folgt zu verbinden:

Beispiele:

- „Mit dem Einbauen der Fenster kann schon 3 Tage vor dem Einbauen der Türen angefangen werden!" (= Anfangsfolge mit 3 Tagen Überlappung)
  oder
- „Um den Vorgang ‚Umzug in die neue Produktionshalle' abschließen zu können, muss der Vorgang ‚Maschinen in der alten Produktionshalle abbauen' seit 5 Tagen komplett beendet sein!" (Endfolge plus 5 Tage Wartezeit)

Das Einbeziehen weiterer Anordnungsbeziehungen neben der klassischen Normalfolge, gerade auch in Kombination mit Wartezeiten und Überlappungen, in den Netzplan macht die Berechnung natürlicher komplizierter. Daher wird in der Praxis (spätestens dann) meist auch nicht mehr „von Hand" gerechnet, sondern es werden Computerprogramme wie Microsoft Project hinzugezogen, um die zuvor beschriebenen Rechenvorgänge korrekt auszuführen.

2.4.3 Balken-/Gantt-Diagramm

Auf Basis der bisher geleisteten Vorarbeiten ergibt sich als einfachste Form der konkreten Ablauf- bzw. Terminplanung die Erstellung einer **Terminliste**, in die die berechneten Termine aus dem Netzplan übernommen und nach dem Anfangstermin sortiert werden. Aus einer Terminliste kann sehr leicht abgelesen werden, welche Arbeitspakete an welchen Terminen starten müssen. Alternativ können die Starttermine der Arbeitspakete natürlich auch in einen **Projektkalender** übertragen werden – das zugrunde liegende Prinzip ist hier identisch, es wird lediglich die Darstellungsform variiert.

2.4 Ablauf- und Terminplanung

Soll die Terminliste durch eine grafische Darstellung unterstützt werden, wird zumeist auf das **Balken- bzw. Gantt-Diagramm** (benannt nach dem Erfinder dieser Technik, dem Unternehmensberater Henry L. Gantt) zurückgegriffen.

Balken- bzw. Gantt-Diagramm

Bei dieser grafischen Darstellung werden Projektvorgänge auf einer horizontalen Zeitachse in Form von Balken und Meilensteine als Rauten (vgl. auch Abschnitt 2.3.1 „Phasenplan") abgebildet. Die Länge der Balken stellt die Dauer der einzelnen Arbeitspakete dar, sich überlappende Balken weisen darauf hin, dass Vorgänge parallel ausgeführt werden. Die Abhängigkeitsbeziehung zwischen zwei Vorgängen kann durch das Eintragen von Pfeilen (analog zum Eintragen von Pfeilen zwischen den Knoten im Netzplan) dargestellt werden.

Auf der senkrechten Achse werden in der Regel die Vorgänge nach der Vorgangsnummer sortiert (vgl. hier auch die späteren Ausführungen zur Projektmanagementsoftware Microsoft Project, in der die beschriebene Darstellung integriert ist; Abschnitt 2.8 „Softwareeinsatz im Projektmanagement"). Allerdings ist auch eine andere vertikale Sortierung der Vorgänge denkbar, etwa nach den Arbeitspaketverantwortlichen. Dann werden die Balken der Vorgänge, für die die gleiche Person verantwortlich ist, auch in die gleiche Zeile des Balkendiagramms eingezeichnet. So lassen sich zusätzliche Informationen, etwa die Zuordnung zum jeweiligen Arbeitspaketverantwortlichen, darstellen.

Allerdings muss an dieser Stelle darauf hingewiesen werden, dass die Darstellung mithilfe eines Gantt-Diagramms bei größeren bzw. komplexeren Projekten relativ schnell unübersichtlich werden kann – gerade dann, wenn noch zusätzliche Informationen (z. B. Pfeile zur Darstellung der Verknüpfungen der Vorgänge, Darstellung des kritischen Weges o. Ä.) in das Diagramm integriert werden sollen. Aus diesem Grund wird die Anwendung dieser Methode vor allem für Projekte mit geringer bis mittlerer Komplexität empfohlen.

Beispiel für ein Balken-/Gantt-Diagramm (Ausschnitt aus Microsoft Project)

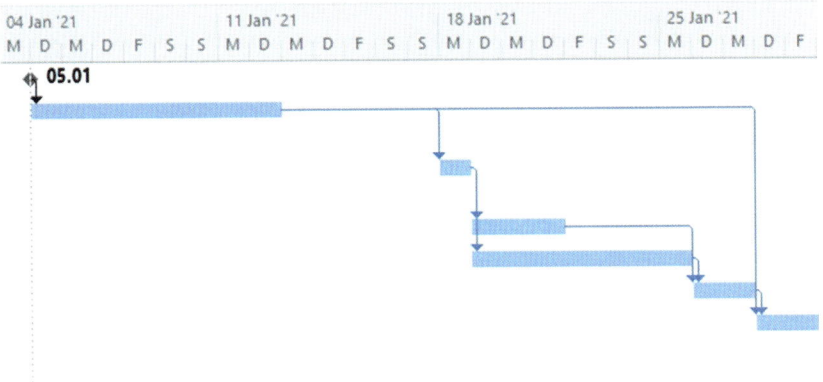

Im Folgenden werden die Vor- und Nachteile eines Gantt-Diagramms zusammengefasst.

Vorteile:
> relativ einfache Erstellung
> transparente, leicht verständliche grafische Darstellung der zeitlichen Abläufe
> unterschiedliche Darstellungsformen möglich
> Integration weiterer Informationen möglich.

Nachteile:
> nur begrenzte Darstellung der Abhängigkeiten zwischen den Vorgängen möglich
> Übersichtlichkeit geht (gerade bei komplexen Projekten) schnell verloren.

2.5 Einsatzmittelplanung

In den bisherigen Ausführungen stand immer die Überlegung im Vordergrund, wann welches Arbeitspaket durchgeführt werden muss, welche Vorarbeiten dafür erledigt sein müssen und welche Folgen die Verzögerung eines Vorgangs für die Gesamtprojektdauer hat. Bei der Einsatzmittelplanung wird diese Fragestellung nun verändert.

Einsatzmittelplanung

> Bei der Einsatzmittelplanung geht es darum, die richtigen Arbeitsmittel in der richtigen Menge zur richtigen Zeit bereitzustellen. Als Basis dafür ist eine abgeschlossene Terminplanung („zur richtigen Zeit") notwendig, wobei im Umkehrschluss die Terminplanung aber auch wieder von einer sorgfältigen und korrekten Einsatzmittelplanung abhängig ist.

Da Einsatzmittel in Projekten nur begrenzt verfügbar sind (dies war ein Merkmal von Projekten, vgl. Abschnitt 1.3 „Merkmale von Projekten"), müssen sie in richtigem Maße auf die Arbeitspakete verteilt werden, um die veranschlagte Zeit in der Ablauf- und Terminplanung auch einhalten zu können.

Beispiel:

Wurde bei der Schätzung der Dauer für das Arbeitspaket „Einbau der Fenster" vom Einsatz von vier Arbeitern ausgegangen und zwei Tage veranschlagt, bei der Einsatzmittelplanung allerdings festgestellt, dass nur zwei Arbeiter zur Verfügung stehen, so wird sich die Dauer dieses Arbeitspaket verdoppeln. Das führt wiederum zu einer Veränderung des Terminplans.

2.5 Einsatzmittelplanung

2.5.1 Einsatzmittel/Ressourcen

In den letzten Jahren hat sich statt des Begriffs **Einsatzmittel** die Bezeichnung **Ressource** immer mehr in der Fachsprache des Projektmanagements etabliert. Grundsätzlich meinen beide Begrifflichkeiten aber das Gleiche und können daher auch als Synonyme verwendet werden.

> Die (mittlerweile nicht mehr gültige) DIN 69902 definierte Einsatzmittel als „Personal und Sachmittel, die zur Durchführung von Vorgängen, Arbeitspaketen oder Projekten benötigt werden". Diese Definition bringt kurz und knapp auf den Punkt, was im Projektmanagement unter Einsatzmitteln bzw. Ressourcen zu verstehen ist. Sie wird daher der sehr weit gefassten Definition nach der (aktuell gültigen) DIN 69901, die eine Ressource als „abgrenzbare Einheit an Personal, Finanzmitteln, Sachmitteln, Informationen, Naturgegebenheiten, Hilfs- und Unterstützungsmöglichkeiten" charakterisiert, vorgezogen werden.

Einsatzmittel/ Ressourcen

Einsatzmittel bzw. Ressourcen werden also in zwei Hauptkategorien unterteilt: Personal und Sachmittel.

Kategorien von Einsatzmitteln

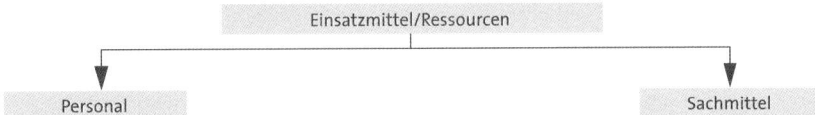

2.5.2 Einsatzmittelliste

Bei der Einsatzmittel- bzw. Ressourcenplanung sollen die folgenden Fragen beantwortet werden:

Ressoucenplanung

> Welche Personal- und Sachmittel müssen für das Projekt zur Verfügung stehen, um es nach der zugrunde gelegten Ablauf- und Terminplanung durchführen zu können?
> Wann im Projektverlauf werden welche Personal- und Sachmittel in welchem Umfang benötigt?
> Wo entstehen Engpässe, weil die verfügbaren Personal- und Sachmittel mit den benötigten nicht deckungsgleich sind?

Um diese Fragen beantworten zu können, bietet es sich an, zunächst eine **Einsatzmittelliste** zu erstellen. Darunter versteht man die Erweiterung der Vorgangsliste (vgl. Abschnitt 2.4.1) um die **Spalten „Personal" und „Sachmittel"**.

2. Projekt planen

Einsatzmittelliste **Erweiterung der Vorgangsliste zur Einsatzmittelliste**

Codie-rung	Arbeits-paket (= Vorgang)	Dauer	Arbeits-paket-Verant-wortlicher	Vor-gänger	Personal	Sach-mittel
...	...	...	...	...	...	...
3.1	Trockenbau-arbeiten	8 Std.	Hr. Bauer	2.8	2 Trocken-bauer, 1 Lehrling	40 Rigips-platten, 5 Karton Schrauben, ...
3.2	Elektroins-tallation	9 Std.	Fr. Müller	2.8, 3.1	...	...
3.3	Sanitärins-tallation	12 Std.	Hr. Huber	3.1, 3.2	...	...
3.4	Fliesenle-gerarbeiten	12 Std.	Hr. Meier	3.3	...	...
...	...	...	...	...	...	...

Über-/ Unterdeckung

Durch diese sehr einfache Vorgehensweise lässt sich schnell feststellen, ob die zu Beginn des Projektes geplanten Ressourcen grundsätzlich ausreichend sind, um das Projekt nach der veranschlagten Ablauf- und Terminplanung durchführen zu können. Dafür müssen lediglich die eingetragenen Ressourcen zu einem Endergebnis zusammengefasst werden. Ergeben sich dabei Abweichungen von den für das Projekt zur Verfügung stehenden Personal- und Sachmitteln, sollte schon zu diesem Zeitpunkt mit dem Auftraggeber nachverhandelt werden, da das Projekt sonst (zumindest in der geplanten Zeit, ggf. aber auch vollständig) nicht durchführbar ist.

Die Einsatzmittelliste beantwortet somit die eingangs zuerst erwähnte Frage: „Welche Personal- und Sachmittel müssen für das Projekt zur Verfügung stehen, um es nach der zugrunde gelegten Ablauf- und Terminplanung durchführen zu können?" Für die beiden weiteren Fragen müssen allerdings weitere Schritte unternommen werden.

2.5.3 Einsatzmittelplan/Ressourcen-Belastungs-Diagramm

Der benötigte Umfang der Einsatzmittel wird in der Einsatzmittelliste dargestellt, nun geht es aber auch darum, die Fragen zu beantworten, wann im Projekt welche Ressourcen zur Verfügung stehen müssen und ob (und wenn ja, wo) Kapazitätsengpässe bestehen.

Für den Zweck der zeitlichen Einsatzmittelplanung hat sich das **Ressourcen-Belastungs-Diagramm** als brauchbares Instrument herausgestellt.
Aus einem Ressourcen-Belastungs-Diagramm können die folgenden Informationen abgelesen werden:

2.5 Einsatzmittelplanung

> **Dauer und Verteilung des Einsatzes einer Ressource** im Projekt,
> **Zuordnung der eingesetzten Ressource zu den Arbeitspaketen** sowie
> **Be- bzw. eventuelle Überlastung einer Ressource.**

Ein Ressourcen-Belastungs-Diagramm stellt auf der waagrechten Achse den Projektverlauf dar, die Skalierung kann dabei je nach Projekt in Stunden, Tagen, Wochen oder Monaten variieren. Auf der senkrechten Achse wird die benötigte Ressource in der jeweiligen Einheit (Anzahl, Kilogramm, Paletten ...) abgetragen.

Ressourcen-Belastungs-Diagramm (am Beispiel der Ressource „Elektriker")

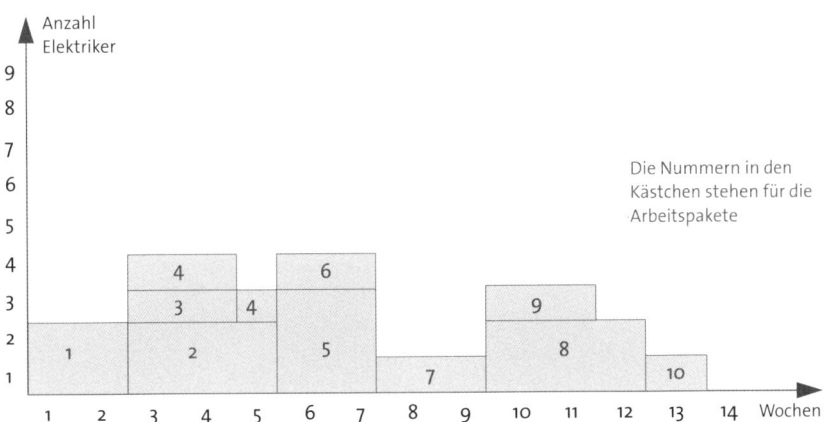

Ressourcen-Belastungs-Diagramm

Die Nummern in den Kästchen stehen für die Arbeitspakete

Zur Erstellung eines Ressourcen-Belastungs-Diagramms wird die Einsatzmittelliste Vorgang für Vorgang durchgearbeitet, die Arbeitspakete mit der jeweils betrachteten Ressource ausgewählt und die Ressource in das Ressourcen-Belastungs-Diagramm übernommen. Dabei ergibt sich die Länge des einzuzeichnenden Rechtecks aus der Dauer des Vorgangs, während die Höhe des Rechtecks die benötigte Anzahl bzw. Einheit der Ressource darstellt (beides aus der Einsatzmittelliste ablesbar). Als Startzeitpunkt wird der früheste Anfangszeitpunkt (FAZ, im Netzplan ersichtlich) gewählt. Beim Einzeichnen der Rechtecke muss darauf geachtet werden, keine Lücken entstehen zu lassen, sondern überstehende Bereiche „nach unten fallen" zu lassen. Jedes Rechteck wird mit der Codierung des Vorgangs beschriftet, um es später noch zuordnen zu können. Am Ende ergibt sich eine Linie (vergleichbar mit der „Skyline" einer Stadt), welche die benötigten Ressourcen zu den jeweiligen Zeitpunkten darstellt.

Um die beschriebenen Vorteile zu erreichen, werden Ressourcen-Belastungs-Diagramme in der Regel immer separat für eine Ressource erstellt und ausgewertet (also speziell für die Ressourcen „Elektriker", „Maurer" usw.). Eine Zusammenfassung mehrerer Ressourcen, beispielsweise zur Ressource „Mitarbeiter", ist möglich, allerdings fällt damit die Möglichkeit der Einzelauswertung für die verschiedenen Mitarbeitertypen sehr schwer.

2.5.4 Reaktionsmöglichkeiten

Wird die Kapazitätsgrenze einer Ressource überschritten, werden also zu einem Zeitpunkt zu viele Ressourcen benötigt – etwa wenn fünf Mitarbeiter benötigt werden, obwohl dem Projekt nur drei Mitarbeiter zugeordnet worden sind –, wird

Kapazitätsgrenzen

dies im Ressourcen-Belastungs-Diagramm deutlich. Darauf kann dann reagiert werden. Folgende Maßnahmen sind als Reaktion möglich:

Reaktionsmöglichkeiten

> **Verschieben von Vorgängen**
> **Veränderung der Dauer eines Vorgangs** (= Veränderung der Zuordnung der Ressourcen)
> **Veränderung der Technologien** (= Zuordnung anderer Einsatzmittel)
> **Erhöhung der Einsatzmittel** (wenn möglich)
> **Streichen von Leistungen.**

Achtung: Eine Verschiebung von Vorgängen ist nur bis zum spätesten Anfangszeitpunkt (vgl. Netzplan) möglich, ohne die Gesamtprojektdauer zu verlängern. Hier gilt es, die verfügbare Pufferzeit zu beachten! Und auch die weiteren Reaktionsmöglichkeiten haben gegebenenfalls Auswirkungen auf den Projektablauf, die unbedingt in die Entscheidung mit einbezogen werden müssen.

2.6 Kosten- und Finanzplanung

Kosten- und Finanzplanung

Die Einsatzmittelplanung stellt die Grundlage für die Kosten- und Finanzplanung dar. Da mit Projekten in der Regel ein wirtschaftlicher Erfolg erzielt werden soll, zumindest aber die zur Verfügung gestellten finanziellen Ressourcen nicht überschritten werden dürfen, ist eine systematische Planung und Kontrolle der Kosten notwendig.

Bei der Kosten- und Finanzplanung von Projekten werden zwei Fragestellungen unterschieden: Einerseits geht es um die Frage, wie viele Kosten im Projekt insgesamt anfallen **(= Kostenplanung),** zum anderen ist ein ebenfalls interessanter Aspekt, zu welchem Zeitpunkt des Projekts welche Kosten anfallen **(= Finanz- bzw. Liquiditätsplanung).**

Diese Fragen sollen in den kommenden beiden Abschnitten beantwortet werden.

2.6.1 Kostenplanung

Kostenplanung

Als Basis für die Kostenplanung kann die bereits bestehende Einsatzmittelliste (vgl. Abschnitt 2.5.2) verwendet werden. Werden den in der Einsatzmittelliste aufgeführten Ressourcen Materialpreise bzw. Stundensätze zugeordnet, können sehr schnell und einfach die Kosten der einzelnen Arbeitspakete und darauf aufbauend die Gesamtkosten des Projektes errechnet werden. Als Ergebnis dieses Vorgehens entsteht damit ein **Projektkostenplan,** also eine Einsatzmittelliste mit einer weiteren **Spalte „Kosten".** Dieser Kostenplan kann bei der Steuerung des Projektablaufs wieder genutzt werden, um einen Vergleich zwischen geplanten Kosten und den bis zum betrachteten Zeitpunkt tatsächlich angefallenen Kosten anstellen zu können.

2.6.2 Finanz-/Liquiditätsplanung

Werden bei der Kostenplanung nicht nur die Kosten der einzelnen Arbeitspakete aufsummiert, sondern auch die zeitliche Verteilung der Vorgänge (also die Ablauf- und Terminplanung) mit berücksichtigt, ergeben sich weitere Informationen, die für einen reibungslosen Projektverlauf notwendig sind. Denn durch die Aufteilung der anfallenden Kosten über den Zeitverlauf des Projektes wird klar, wann dem Projekt finanzielle Ressourcen zur Verfügung gestellt werden müssen. Werden diese Informationen in grafischer Form dargestellt, ergibt sich ein Diagramm mit einer **Kostenganglinie,** wo der zum jeweiligen Zeitpunkt notwendige Finanzbedarf dargestellt wird. Eine andere Variante stellt die **Kostensummenlinie** dar, hier werden die kumulierten Kosten über den Projektverlauf eingezeichnet, d. h., die eingeplanten finanziellen Mittel summieren sich bis zum Ende des Projektes auf das Gesamtbudget.

Finanz-/Liquiditätsplanung

Um ein Projekt durchführen zu können, müssen jederzeit die notwendigen finanziellen Mittel zur Verfügung stehen. Um diese Informationen zu erhalten, bietet es sich an, der Kostensummenlinie die möglichen Einnahmen aus dem Projekt – z. B. termingebundene Zahlungen des Auftraggebers (z. B. Teilzahlungen bei Bauprojekten) oder zu bestimmten Zeitpunkten abrufbare Fördermittel – gegenüberzustellen. Durch diese vergleichende Darstellung entsteht ein **Liquiditätsplan,** aus dem hervorgeht, ob im Projektverlauf mit Liquiditätsengpässen gerechnet werden muss. Ist dies der Fall, muss mit dem Auftraggeber eine entsprechende Lösung gefunden werden (z. B. bezüglich der Vorfinanzierung des benötigten Materials o. Ä.). Am Ende eines Projektes sollte die Einnahmenlinie des Projektes die Höhe der Kostensummenlinie übertreffen, wenn das geplante bzw. durchgeführte Projekt wirtschaftlichen Erfolg generieren soll.

Liquiditätsplanung

2.7 Risikomanagement

Aufgrund von fehlenden Erfahrungswerten sind Projekte immer mit einem erhöhten Risiko verbunden. Durch ein systematisches Risikomanagement soll verhindert werden, dass in einem Projekt unnötig hohe Risiken eingegangen werden, und zu riskante Projekte sollen gar nicht erst gestartet werden.

Risikomanagement

Entscheidet man sich für die Durchführung eines Projektes, ist durch die Risikoanalyse schon vor Projektbeginn ein Plan vorhanden, um für den Ernstfall gewappnet zu sein. Auf eintretende Risiken kann damit bestmöglich reagiert werden.
Für ein systematisches Risikomanagement sind die folgenden vier Schritte notwendig.

2.7.1 Identifizieren der möglichen Risiken

Im ersten Schritt gilt es, die potenziellen Risiken des Projektes zu identifizieren und aufzulisten. Potenzielle **externe Projektrisiken** kann beispielsweise die Stakeholderanalyse (vgl. Abschnitt 2.2.2 „Umfeldplanung") liefern – etwa dann, wenn zu befürchten ist, dass Anwohner ein Bauprojekt verhindern wollen oder Wettbewerber die in einem Projekt geplante Entwicklung eines neuen Produktes durch eine schnellere Marktreife des Konkurrenzproduktes zunichtemachen könnten.

Externe Projektrisiken

Weitere, vorwiegend **interne Projektrisiken** sollten gemeinsam im Projektteam identifiziert werden. Dabei bietet es sich neben dem Einsatz von Kreativitätstechniken (vgl. auch Abschnitt 1.6.2) an, Checklisten für Projekte zu entwickeln, Exper-

Interne Projektrisiken

ten zurate zu ziehen oder die dokumentierten Erkenntnisse aus früheren Projekten auf ein neues Projekt anzuwenden.

Die hier identifizierten Risiken können vielfältig sein. So ist (neben den oben beschriebenen externen Risiken) z. B. denkbar, dass personelle Risiken (z. B. der Ausfall eines wichtigen Projektmitarbeiters oder Probleme im Projektteam), technische Risiken (z. B. nicht funktionsfähige Technologien, defekte Maschinen) oder projektorganisatorische Risiken (z. B. eine fehlerhafte Projektplanung) auftreten.

2.7.2 Bewerten der identifizierten Risiken

Risikobewertung

Bei der gründlichen Auseinandersetzung mit den möglichen Problemen, die während eines Projektes auftreten können, wird sich eine hohe Zahl an Risiken identifizieren lassen.

Nun gilt es, sich nicht sofort von der Menge dieser Risiken abschrecken zu lassen, sondern diese zunächst in eine Rangfolge zu bringen. Es ist also notwendig zu entscheiden, welche Risiken für das Projekt wirklich eine Gefährdung darstellen und welche Risiken hintenangestellt oder gar komplett vernachlässigt werden können.

Dabei müssen zwei Faktoren im Auge behalten werden – die **Eintrittswahrscheinlichkeit** des Risikos und die **Auswirkungen auf das Projekt,** wenn der Ernstfall wirklich eintritt.

Eintrittswahrscheinlichkeit

Dabei ist es möglich, die Eintrittswahrscheinlichkeit entweder als Prozentwert oder aber in einer Skala (z. B. von 1 = „sehr unwahrscheinlich" bis 5 = „sehr wahrscheinlich") anzugeben. Die Auswirkungen auf das Projekt können als finanzieller Wert („10.000,00 Euro Schaden") oder ebenso wie bei der Eintrittswahrscheinlichkeit als Skalenwert sortiert werden. Werden die beiden Werte miteinander multipliziert, ergibt sich eine Gesamtbewertung der Risiken und damit eine aussagekräftige Rangfolge.

Auswirkungen

Beispiel:

Wird die Wahrscheinlichkeit, dass der Projektleiter während des Projektes plötzlich den Arbeitgeber wechselt und für das Projekt nicht mehr zur Verfügung steht, als relativ niedrig angesehen (= 2 auf einer 5er-Skala), aber die Auswirkung eines solchen Wechsels als äußerst schwerwiegend charakterisiert (= 5 auf einer 5er-Skala), so ergibt sich eine Gesamtbewertung des Risikos von 2 x 5 = 10.

Damit würde dieses Risiko als bedeutender eingeschätzt als das Risiko, dass ein anderes Mitglied des Projektteams wechselt (Eintrittswahrscheinlichkeit = 4, Auswirkung = 2), da hier die Bewertung 4 x 2 = 8 ergeben würde.

ABC-Analyse

Durch diese quantitative Risikobewertung lässt sich eine Einteilung der Risiken über eine **ABC-Analyse** vornehmen. Dabei ergeben sich Risiken, die unbedingt beachtet werden sollten (A-Risiken), Risiken, die eventuell beachtet werden können (B-Risiken), und Risiken, die vernachlässigt werden können (C-Risiken).

Da es sich bei der Festlegung der Werte für die Eintrittswahrscheinlichkeit und für die Auswirkungen in der Regel um subjektive Einschätzungen handelt, muss darauf geachtet werden, hier objektiv und ehrlich vorzugehen. In der Praxis kommt es immer wieder vor, dass bestehende Risiken „kleingeredet" werden, etwa weil der Projektleiter mit Herzblut dabei ist und das Projekt unbedingt durchführen möchte.

2.7.3 Planung von Gegenmaßnahmen

Bevor Gegenmaßnahmen für die gefährlichen Risiken eines Projektes geplant werden, gilt es zunächst, eine exakte Ursachenforschung zu betreiben. Denn nur wenn die Ursache des Risikos bekannt ist, kann diese auch sinnvoll vermieden bzw. richtig darauf reagiert werden.

Gegenmaßnahmen zu Risiken

Für die identifizierten und bewerteten Risiken können **Präventivmaßnahmen** geplant werden. Oder aber es wird auf **korrektive Maßnahmen bzw. Eventualmaßnahmen** abgezielt, also vorab potenzielle Lösungsstrategien für eventuell in Zukunft eintretende Ereignisse entwickelt. Präventivmaßnahmen machen vor allem bei solchen Problemen Sinn, die vorab beeinflusst werden können. Dabei gilt es, die Faktoren, die ein Eintreten des Risikos unterstützen, abzuschwächen oder wenn möglich ganz auszuschalten. Korrekturmaßnahmen hingegen spielen eher bei Risiken eine Rolle, bei denen eine Präventivmaßnahme entweder nicht möglich ist oder als wirtschaftlich nicht sinnvoll erachtet wird.

> **Beispiel:**
>
> Wird als Ursache für das Risiko, dass ein Projektmitarbeiter während des Projektes plötzlich den Arbeitgeber wechselt und für das Projekt nicht mehr zur Verfügung steht, seine zu geringe Bezahlung angesehen, so kann hier präventiv vorgegangen werden. Das Gehalt des Projektmitarbeiters könnte vorsorglich erhöht oder eine Prämienzahlung am Projektende vereinbart werden. Damit wird die Eintrittswahrscheinlichkeit dieses Risikos verringert.
>
> Wird dies allerdings als nicht sinnvoll oder wirtschaftlich nicht machbar erachtet, so wäre auch denkbar, etwa durch die Pflicht einer exakten Dokumentation beim Eintreten des Ernstfalls auf das Geschehen (durch die Neubesetzung der Position) reagieren zu können und dadurch die Auswirkungen dieses Risikos auf das Projekt möglichst gering zu halten.

2.7.4 Überwachen und Steuern der Risiken

Eine Risikoanalyse sollte zu Beginn eines Projektes durchgeführt werden. Gerade bei länger dauernden Projekten sollte sie jedoch auch während des Projektverlaufs regelmäßig wiederholt und dokumentiert werden.

Überwachen und Steuern der Risiken

Da sich die Eintrittswahrscheinlichkeiten von Risiken über den Projektverlauf schnell verändern können (z. B. durch Lieferschwierigkeiten aufgrund eines unerwarteten Wetterumschwungs, durch das plötzliche Auftreten eines Wettbewerbers o. Ä.), deren Auswirkungen auf das Projekt variieren können (z. B. könnte ein Mitarbeiter im Projektverlauf an Bedeutung gewinnen und sein eventuelles Ausscheiden daher plötzlich einen erheblichen Schaden verursachen) und auch neue Risiken auftreten können (z. B. durch Veränderungen der politischen Lage), gilt es, wachsam zu sein und das Risikomanagement über den gesamten Projektverlauf im Blick zu behalten.

2.8 Softwareeinsatz im Projektmanagement

Softwareeinsatz

In den vorangegangenen Kapiteln wurden Methoden und Techniken vorgestellt, die eine sorgfältige Projektplanung ermöglichen. Durch den Einsatz dieser Verfahren können die Struktur, der Ablauf, die Ressourcen und die Kosten eines Projektes detailliert ausgearbeitet werden. Werden Projekte allerdings größer und komplexer, erschwert das die Handhabung der eingesetzten Methoden, und es bietet sich an, eine Projektmanagementsoftware als Hilfestellung für die Projektplanung und -steuerung hinzuzuziehen. Die gängigste Software auf dem Markt ist das Programm **Microsoft Project.**

Microsoft Project

Hinweis: In den folgenden Abschnitten können hier lediglich die Grundzüge dieser sehr umfangreichen Software erläutert werden, auf die Darstellung sämtlicher Feinheiten und Möglichkeiten muss hier verzichtet werden. Das Ziel ist, einen ersten, wenn auch groben, Überblick über die Möglichkeiten der Software zu geben.

2.8.1 Standardansicht „Gantt-Diagramm"

2.8.1.1 Grundlegende Darstellung

Gantt-Diagramm

Als Standardansicht gilt bei Microsoft Project die **Ansicht „Gantt-Diagramm".**

Diese Ansicht ist zweigeteilt. Auf der linken Bildschirmseite wird die **Vorgangsliste** (vgl. Abschnitt 2.4.1) bzw. bei Eintragung der dazugehörigen Ressourcen die **Einsatzmittelliste** (vgl. Abschnitt 2.5.2) des Projektes angezeigt. Durch das Einblenden weiterer Spalten kann diese Listenansicht sogar noch erweitert werden. So entsteht z. B. durch Einblenden der Spalte „Kosten" der **Kostenplan** (vgl. Abschnitt 2.6.1) des Projektes.
Auf der rechten Seite des Bildschirms wird das zur Liste gehörige **Balken-Diagramm** angezeigt, dieses wird bei Änderungen in der Listenansicht automatisch angepasst.

Durch diese zweigeteilte Darstellung werden die Vorteile der beiden Optionen Listendarstellung und Balkendiagramm in einer Ansicht kombiniert, wie der folgende Bildschirmausschnitt zeigt:

Bildschirmausschnitt: Ansicht „Gantt-Diagramm"

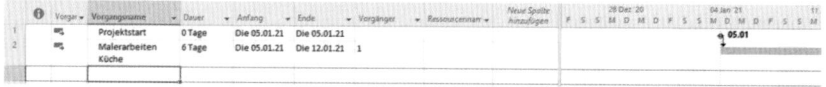

Sollen in der Listendarstellung (auf der linken Seite) zusätzliche Informationen angezeigt werden, können weitere Spalten eingeblendet werden. Dafür muss lediglich auf den Spaltenkopf **„Neue Spalten hinzufügen"** geklickt werden, um aus einer Vielzahl von Spalten auswählen zu können: Neben den Kosten ist hier z. B. auch die Anzeige der Nachfolger oder der Pufferzeiten des jeweiligen Vorgangs und vieles mehr möglich. Nicht mehr benötigte Spalten können über das Kontextmenü

"Spalten ausblenden" (Kontextmenüs erscheinen durch Klicken der rechten Maustaste) wieder aus der Darstellung entfernt werden.

2.8.1.2 Vorgänge eintragen

In der Listendarstellung der Ansicht „Gantt-Diagramm" werden die grundlegenden Informationen für ein Projekt eingetragen, nämlich die

Vorgänge eintragen

> Vorgangsnamen,
> Dauer und
> Vorgänger-Beziehung(en) der jeweiligen Vorgänge.

Anfang und Ende des Vorgangs werden nicht manuell eingetragen, sondern in der Regel aufgrund der zuvor eingetragenen Informationen automatisch durch Microsoft Project berechnet. Voraussetzung dafür ist das Aktivieren der Einstellung **„Automatisch geplant"** (statt der Einstellung **„Manuell geplant"**) in der Spalte „Vorgangsmodus".

Die Reihenfolge, in der die Vorgänge in die Liste eingetragen werden, ist für die Berechnungen grundsätzlich nicht relevant. Entscheidend ist lediglich die korrekte Eintragung der Vorgänger-Nachfolger-Beziehungen der Vorgänge zueinander. Es bietet sich jedoch an, sich am chronologischen Ablauf oder an den inhaltlichen Zusammenhängen der Arbeitspakete (vgl. Abschnitt 2.3.2 b) „Gliederungsprinzipien eines Projektstrukturplans") zu orientieren, um sich später in der Liste besser zurechtzufinden.

In Microsoft Project eingetragene Vorgänge können per „Drag & Drop" an eine andere Stelle verschoben werden, die Verknüpfungsbeziehungen werden dabei automatisch angepasst. Ebenso ist es möglich, neue Vorgänge aufzunehmen (Kontextmenü **„Vorgang einfügen"**) oder zu löschen (Kontextmenü **„Vorgang löschen"**). Durch das Zusammenfassen von (direkt untereinanderstehenden) Vorgängen zu **Sammelvorgängen** (Registerkarte „Vorgang", Symbol „Sammelvorgang einfügen") kann eine mehrstufige Gliederungsstruktur (angelehnt an den Projektstrukturplan) aufgebaut werden. Damit bleibt selbst bei großen Projekten durch das Auf- oder Zuklappen einzelner Projektbereiche die Übersichtlichkeit gewahrt.

Soll ein **Meilenstein** (vgl. Abschnitt 2.3.1 „Phasenplan") gesetzt werden, verläuft das Vorgehen identisch wie beim Eintragen von „normalen" Vorgängen. Der Unterschied zwischen Vorgängen und Meilensteinen besteht darin, dass ein Meilenstein **keine Dauer** hat, da es sich hier um einen Entscheidungszeitpunkt handelt. Die Dauer eines Meilensteins wird also gleich null gesetzt, Meilensteine werden dann im Balkendiagramm nicht als Balken, sondern (analog der Darstellung im Phasenplan) als Rauten dargestellt.

Meilensteine setzen

2. Projekt planen

2.8.1.3 Vorgänge bearbeiten

Vorgänge bearbeiten

Durch einen Doppelklick auf einen Vorgang öffnet sich das dazugehörige **Fenster „Informationen zum Vorgang"**, in dem eine Vielzahl weiterer Einstellungen vorgenommen werden können.

Fenster „Informationen zum Vorgang", Registerkarte „Allgemein"

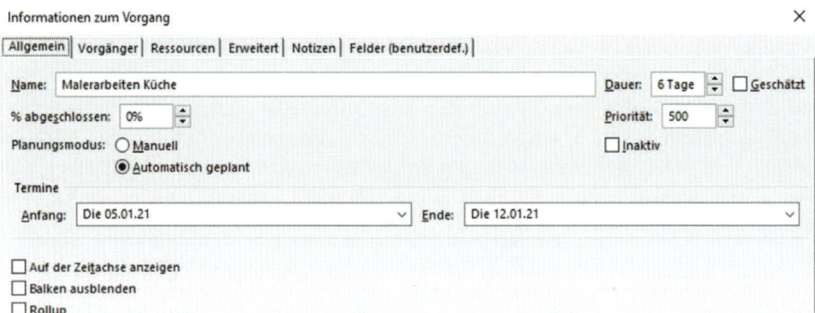

Der Bildschirmausschnitt zeigt die Registerkarte „Allgemein", in der (neben weiteren Einstellungsmöglichkeiten) beispielsweise der Name oder die Dauer des Vorgangs geändert oder der Planungsmodus gewechselt werden kann. Die Eintragung „% abgeschlossen" ist vor allem während des Projektverlaufs für die Steuerung interessant, da hier der Fertigstellungsgrad des Vorgangs eingetragen und so ein Soll-Ist-Vergleich der Termine angestellt werden kann.

In der Registerkarte „Vorgänger" kann zwischen den möglichen **Anordnungsbeziehungen** (Normalfolge, Anfangsfolge, Endfolge oder Sprungfolge) ausgewählt sowie eventuelle **Zeitabstände** (Wartezeiten oder Überlappungen) zwischen zwei Vorgängen eingetragen werden (vgl. Abschnitt 2.4.2.6). Die untere Abbildung zeigt beispielhaft die Einstellung für eine Normalfolge mit drei Tagen Wartezeit („1EA + 3Tage").

Fenster „Informationen zum Vorgang", Registerkarte „Vorgänger"

2.8 Softwareeinsatz im Projektmanagement

2.8.1.4 Ein Projekt terminieren

Ein Projekt beginnt bei Microsoft Project standardmäßig immer am aktuellen Tagesdatum. Ist das nicht erwünscht, kann ein anderer **Projektanfangstermin oder Projektendtermin** festgelegt und damit der Projektablauf schon vor dem beabsichtigten Projektbeginn exakt durchgeplant werden.

Projekte terminieren

Die Berechnungsart, also die Antwort auf die Frage „Soll vom Projektanfangstermin oder Projektendtermin aus geplant werden?" kann durch die Auswahl im Listenmenü „Berechnung vom:" eingestellt und die Festlegung mit der Eintragung des Datums für den gewünschten Projektstart (bzw. das geplante Projektende) abgeschlossen werden. Der folgenden Bildschirmausschnitt zeigt das Fenster „Projektinfo" (zu finden in der Registerkarte „Projekt"), in der diese Einstellungen vorgenommen werden können:

Fenster „Projektinfo"

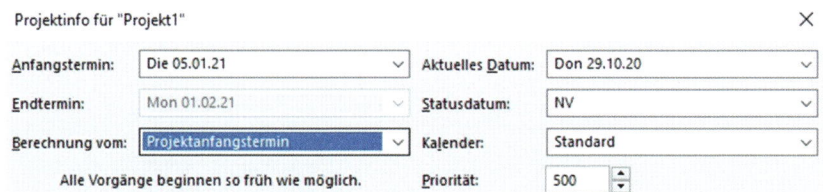

2.8.2 Ansicht „Ressource: Tabelle"

In der Registerkarte „Vorgang" kann im Bereich „Ansicht" u. a. von der Standardansicht „Gantt-Diagramm" auf die **Ansicht „Ressource: Tabelle"** gewechselt werden:

Ressourcen überwachen

Bildschirmausschnitt: Ansicht „Ressource: Tabelle"

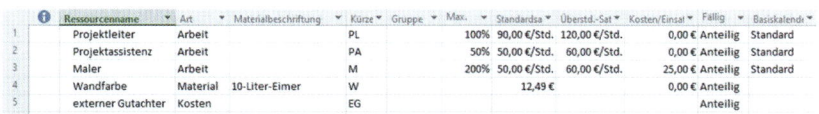

Im obigen Beispiel sind bereits fünf Ressourcen angelegt. In Microsoft Project kann dabei zwischen drei **Ressourcenarten** unterschieden werden:

> **Arbeit** (= Personal)
> **Material** (= Sachmittel)
> **Kosten** (= Kosten für externe oder angemietete Einsatzmittel).

Bei der **Ressourcenart „Arbeit"** muss die Anzahl der verfügbaren Ressourcen (im Beispiel: 100 % = eine Vollzeitkraft, 50 % = eine Halbtagskraft; 200 % = zwei Vollzeitkräfte), der jeweilige Stundensatz, Überstundensatz sowie die Kosten pro Einsatz festgelegt werden. Ebenso kann die Fälligkeit der Zahlungen festgelegt oder eine Zuordnung der Ressource auf spezielle Kalender (vgl. dazu auch Abschnitt 2.8.4) vorgenommen werden.

Bei der **Ressourcenart „Material"** ist die Einheit des jeweilgen Einsatzmittels (im Beispiel: „10-Liter-Eimer"; auch denkbar: kg, Paletten, Karton usw.) und der dazugehörige Preis anzugeben.

Bei der **Ressourcenart „Kosten"** werden die tatsächlich anfallenden Kosten erst zu einem späteren Zeitpunkt bei der Zuweisung der Ressourcen auf die einzelnen Vorgänge eingetragen.

Ressourcen den Vorgängen zuweisen

Nach dem Anlegen aller im Projekt zur Verfügung stehenden Ressourcen können diese den **einzelnen Vorgängen zugewiesen** werden. Dafür muss wieder in die Ansicht „Gantt-Diagramm" gewechselt, per Doppelklick das Fenster „Informationen zum Vorgang" geöffnet und auf der Registerkarte „Ressourcen" die Zuweisungen vorgenommen werden:

Fenster „Informationen zum Vorgang", Registerkarte „Ressourcen"

Ressourcenname	Zuordnungsbesitzer	Einheiten	Kosten
Projektleiter		100%	4.320,00 €
Projektassistenz		50%	1.200,00 €
Maler		200%	4.850,00 €
Wandfarbe		5 10-Liter-Eimer	62,45 €
externer Gutachter			150,00 €

Name: Malerarbeiten Küche — Dauer: 6 Tage — ☐ Geschätzt

Im obigen Beispiel wurden die zuvor angelegten Einsatzmittel dem Vorgang „Malerarbeiten Küche" zugewiesen. Dabei zeigen sich folgende Besonderheiten:

> Der **Projektleiter** ist zu 100 % dem Vorgang zugewiesen, er ist mit seiner vollen Arbeitszeit für den Vorgang eingeplant.
> Die **Projektassistenz** ist zu 50 % dem Vorgang zugewiesen, sie ist ebenfalls mit der vollen Arbeitszeit für den Vorgang eingeplant (Halbtagskraft).
> Von insgesamt **zwei Malern** (200 %) wird nur einer (100 %) für den Vorgang benötigt.
> Fünf Eimer **Wandfarbe** (zum Einzelpreis von 12,95 €) sind für den Vorgang eingeplant.
> Die **Kosten des externen Gutachters** belaufen sich (für diesen Vorgang) auf 150,– €. Diese Information wird erst beim Vorgang eingetragen!

Sind die Ressourcen zugewiesen und die Eintragungen gespeichert, berechnet Microsoft Project automatisch die Kosten der einzelnen Ressourcen und des gesamten Vorgangs. Sobald alle Vorgänge des Projekts die jeweiligen Ressourcen zugeschrieben bekommen haben, ergeben sich damit automatisch die gesamten Projektkosten.

Überlastung von Ressourcen

Werden Ressourcen durch die Zuordnung zu einem oder mehreren Vorgängen **überlastet,** wird das dem Benutzer in der Ansicht „Gantt-Diagramm" durch einen Warnhinweis (rotes Ausrufezeichen in der Spalte „Indikatoren") angezeigt. Hier muss reagiert werden, um die Überlastung zu beseitigen – etwa indem die Zuordnung der Ressourcen verändert, die gesamte Projektplanung überarbeitet oder (wenn möglich) die verfügbare Anzahl des überlasteten Einsatzmittels erhöht wird.

2.8.3 Ansicht „Netzplandiagramm"

Eine weitere Ansicht in Microsoft Project ist die **Ansicht „Netzplandiagramm"**. Hier wird die Listen- bzw. Balkendiagrammdarstellung aus der Ansicht „Gantt-Diagramm" automatisch in einen Netzplan umgewandelt.

Netzplandiagramm

Bildschirmausschnitt: Ansicht „Netzplandiagramm"

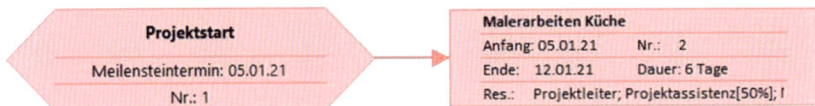

Die obige Darstellung zeigt den Meilenstein „Projektstart" (sechseckige Form) sowie den Vorgang „Malerarbeiten Küche" (rechteckige Form). Die in den jeweiligen Vorgängen enthaltenen Informationen können individuell angepasst werden, ebenso wie einzelne Vorgänge anders formatiert werden können (Kontextmenü **„Vorgang formatieren"**). Auch gleiche Vorgangstypen (z. B. alle kritischen Vorgänge) können eine spezielle Formatierung erhalten (z. B. über einen Doppelklick in den Hintergrund des Netzplandiagramms und die Einstellungen im Fenster „Knotenarten").

2.8.4 Anpassung an projektspezifische Gegebenheiten

Microsoft Project ist eine Standardsoftware, in der verschiedene Grundeinstellungen vorgegeben sind, die allerdings leicht an betriebs- oder projektspezifische Gegebenheiten angepasst werden können. Als Beispiel soll hier der **Basiskalender „Standard"** dienen. In diesem Kalender sind standardmäßige Arbeitszeiten hinterlegt (Montag bis Freitag, jeweils 8 bis 12 Uhr und 13 bis 17 Uhr). Stimmen diese Grundeinstellungen nicht mit den projektspezifischen Gegebenheiten überein, können sie geändert oder auch verschiedene neue Kalender angelegt werden (über die Registerkarte „Projekt", Menüpunkt „Arbeitszeit ändern"):

Projektspezifische Gegebenheiten

„Arbeitszeit ändern"

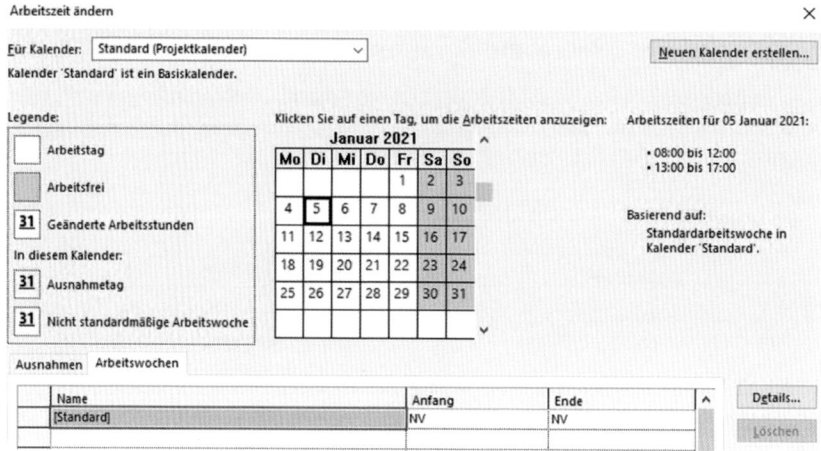

Im rechten oberen Bereich können über die Schaltfläche **„Neuen Kalender erstellen…"** eigenständige, individuelle Kalender erstellt werden. Im unteren Bereich können über die Schaltfläche **„Details…"** die Arbeitszeiten des ausgewählten Kalenders verändert oder auch auf der Registerkarte „Ausnahmen" individuelle arbeitsfreie Tage (z. B. besondere Feiertage, der Tag der Betriebsausflugs o. Ä.) eingetragen werden.

Durch die Anpassung des Basiskalenders oder die Erstellung verschiedener, individueller Kalender können beispielsweise in der Ansicht „Ressource: Tabelle" den verschiedenen Einsatzmitteln (der Ressourcenart „Arbeit") jeweils passende Arbeitszeiten zugeordnet werden.

Abschließender Hinweis:
Diese kurze Zusammenfassung der Möglichkeiten der Projektmanagementsoftware Microsoft Project ist sicherlich nicht vollständig. Einige, gerade auch für die Überwachung und Steuerung von Projekten wichtige Bereiche der Software wurden bewusst ausgeklammert.
Für die intensive Betrachtung und Nutzung von Microsoft Project steht umfangreiche Literatur zur Verfügung, die tiefer gehende Informationen liefern kann.

2.9 Anforderungen an Projektleiter und Projektmitarbeiter

Ein Großteil der in den vorausgegangenen Abschnitten besprochenen Planungsaufgaben liegt im **Verantwortungsbereich des Projektleiters** (vgl. auch Abschnitt 1.5.2 „Projektleiter") – von der Ziel- und Umfeldplanung (z. B. mittels einer Stakeholderanalyse) über die zunächst grobe (z. B. per Phasenplan), anschließend detailliertere (z. B. per Projektstrukturplan) Strukturplanung, die Ablauf- und Terminplanung (z. B. mithilfe eines Netzplans) bis hin zur Einsatzmittel- (z. B. durch ein Ressourcen-Belastungs-Diagramm), Kosten- und Finanzplanung (z. B. Liquiditätsplan). Auch Themenbereiche wie das Risikomanagement und das Einpflegen der Informationen in die Projektmanagementsoftware obliegt der Projektleitung.

Anforderungen an den Projektleiter

Der Projektleiter kann allerdings – gerade bei großen und komplexen Projekten – in fachlicher Hinsicht nicht in sämtlichen Teilbereichen des Projektes Experte sein. Zudem würde die Vielzahl an Aufgaben in der Regel auch eine zeitliche Belastung darstellen, die nicht zu bewältigen ist. Aus diesem Grund ist eine entscheidende Anforderung an die Projektleitung, sich **kompetente Projektmitarbeiter** in das Projektteam zu holen, um Aufgaben delegieren und sich dadurch selbst entlasten zu können.

Der Projektleiter ist dafür zuständig, das „große Ganze" im Blick zu behalten, also den Überblick zu haben und sich nicht in der Detailarbeit zu verlieren – für die Details sind die jeweiligen Fachleute zuständig. In großen Projekten werden oftmals auch Teilprojekte mit Teilprojektleitern definiert, um die Verantwortung auf mehrere Schultern zu verteilen.

Allerdings bleibt der Projektleiter weiterhin für das Gesamtprojekt zuständig und verantwortlich. Daher ist es von entscheidender Bedeutung, zu Beginn des Projektes die **Spielregeln der Zusammenarbeit** zu definieren. Hierzu gehören beispielsweise die Regeln der Kommunikation, Information und Dokumentation im Projekt. Damit besteht Klarheit und Einigkeit bezüglich der **Anforderungen an die Projektmitarbeiter** im Projektteam.

Anforderungen an den Projektmitarbeiter

> **Beispiel:**
>
> Wird durch die Projektleitung die Entscheidung getroffen, Microsoft Project zur Planung und Überwachung des Projektes zu nutzen, wird im nächsten Schritt ein Verantwortlicher für das Einpflegen des aktuellen Projektstandes im Programm bestimmt. Die Projektleitung muss sich darauf verlassen können, dass die in der Software eingegebenen Daten stets auf dem aktuellen Stand sind, etwa um auf Nachfrage des Auftraggebers eine korrekte Rückmeldung bezüglich des Projektstandes geben zu können.
> Der für Microsoft Project zuständige Projektmitarbeiter ist wiederum darauf angewiesen, alle notwendigen Informationen aktuell und korrekt von seinen Kollegen zu erhalten, z. B. um einen Vorgang auf „abgeschlossen" setzen zu können. Dies kann nur dann funktionieren, wenn alle Mitarbeiter wissen, welche Informationen sie wann, an wen und in welcher Form zu melden haben: Muss ein Tagesbericht verfasst und per E-Mail verschickt werden, oder reicht eine wöchentliche Meldung aus, die telefonisch weitergemeldet wird, oder …?

Teamarbeit

Ein Projektleiter muss und kann also nicht alles alleine erledigen, managen und entscheiden. Vielmehr sollte er das Fachwissen seiner Projektmitarbeiter nutzen und sich auf die Loyalität seiner Projektmitarbeiter verlassen können.

Die Definition klarer Spielregeln bezüglich der Kommunikation, Information und Dokumentation im Projekt stellt allerdings eine Grundanforderung dar, die von der Projektleitung wahrgenommen werden muss, um die Zusammenarbeit bei der Planung und Durchführung von Projekten erfolgreich zu gestalten.

Das erstmalige Kommunizieren dieser Spielregeln findet in der Regel im Kick-off-Meeting zu Beginn des Projektes statt (vgl. Abschnitt 4.7.1 „Kick-off-Meeting").

2.10 Externe Akteure

Externe Akteure

Externe Akteure sollten möglichst frühzeitig im Planungsprozess Beachtung finden. Das kann etwa durch eine ausführliche **Stakeholderanalyse** (vgl. Abschnitte 1.5.6 „Projektumfeld/Stakeholder" und 2.2.2 „Umfeldplanung) erfolgen.

Es gilt, die Interessen und Einflussmöglichkeiten der externen Akteure herauszuarbeiten und diese in die Risikoanalyse des Projekts einfließen zu lassen. Weiterhin ist es möglich, durch gezieltes **Projektmarketing** negative Einstellungen (zumindest teilweise) abzubauen und so Projektrisiken zu minimieren.

Beispiel:

Beim Projekt „Erweiterung des bestehenden Betriebsgeländes" können sich bei den Anwohnern Ängste bezüglich Lärmbelästigung, zusätzlichem Verkehrsaufkommen usw. entwickeln. Werden schon in der Projektplanung – auf Informationsveranstaltungen, durch Postwurfsendungen o. Ä. – die Anwohner über die geplanten Vorbeugemaßnahmen gegen diese Belästigungen informiert, können diese Ängste abgebaut werden.

Wiederholungsfragen

1. Projekte lassen sich in eine Organisationsstruktur (z. B. in einen Handwerksbetrieb) auf unterschiedliche Arten einbinden.

    Aufgabe: Nennen Sie die drei Projektorganisationsformen. Geben Sie dazu jeweils zwei Vorteile und zwei Nachteile an!

    >> Seiten 27 bis 32 |

2. Das „magische Dreieck im Projektmanagement" beschreibt drei Zielklassen für die Bestimmung von Projektzielen. Welche sind das? (drei richtige Antworten)

    - [ ] a Leistungsziele
    - [ ] b Terminziele
    - [ ] c soziale Ziele
    - [ ] d Kostenziele
    - [ ] e Personalziele.

    >> Seite 34 |

3. Die SMART-Regel stellt die Grundlage für die Formulierung von (Detail-)Zielen dar.

    Aufgaben:

    a) Wofür steht die Abkürzung SMART?

    b) Formulieren Sie das Projektziel „Wir müssen uns im Lager schneller zurechtfinden!" anhand der SMART-Regel!

    >> Seite 35 |

4. Die beiden Ziele „Projektergebnis mit hoher Qualität" und „Erledigung der Projektaufgaben mit Hilfsarbeitern statt mit qualifizierten Mitarbeitern" sind (zwei richtige Antworten)

    - [ ] a indifferente Ziele.
    - [ ] b komplementäre Ziele.
    - [ ] c konkurrierende Ziele.
    - [ ] d harmonische Ziele.
    - [ ] e konfliktäre Ziele.

    >> Seite 36 |

2. Projekt planen

5. Für die Grobgliederung von Projekten bietet sich die Erstellung eines Phasenplans an.

   Aufgaben:

   a) Was versteht man unter Projektphasen?

   b) Wozu werden in einem Phasenplan Meilensteine eingetragen?

   c) Sie wollen sich selbstständig machen. Gliedern Sie das Projekt „Aufbau des eigenen Betriebes" in Phasen und erstellen Sie einen Phasenplan!

   >> Seiten 38 bis 40 |

6. Für die Feingliederung eines Projektes reicht die Erstellung eines Projektplans allerdings nicht aus. Hier muss ein Projektstrukturplan erstellt werden.

   Aufgaben:

   a) Welche Gliederungsprinzipien sind bei einem Projektstrukturplan möglich?

   b) Stellen Sie die verschiedenen Gliederungsprinzipien an einem von Ihnen gewählten Beispiel-Projekt dar!

   >> Seiten 43 bis 45 |

7. Auf der untersten Gliederungsebene eines Projektstrukturplans liegen die Arbeitspakete.

   Aufgabe: Welche Merkmale sollte ein „sinnvolles" Arbeitspaket besitzen?

   >> Seiten 42 bis 43 |

8. Die Basis für die Ablauf- und Terminplanung ist die Vorgangsliste. Welche Informationen sollten in einer Vorgangsliste auf alle Fälle enthalten sein, wenn daraus ein Netzplandiagramm erstellt werden soll? (vier richtige Antworten)

   ☐ a Vorgangsnummer

   ☐ b Einsatzmittelbedarf

   ☐ c Vorgangsbezeichnung

   ☐ d Vorgänger

   ☐ e Dauer.

   >> Seite 46 |

Wiederholungsfragen

9. Die Berechnung eines Netzplans besteht aus der Vorwärts- und Rückwärtsrechnung. Welche der folgenden Aussagen ist richtig? (zwei richtige Antworten)

- [ ] a Nach der Vorwärtsrechnung kann der kritische Weg abgelesen werden.
- [ ] b Nach der Vorwärtsrechnung sind die frühesten Anfangs- und Endzeitpunkte bekannt.
- [ ] c Sind SAZ und SEZ identisch, handelt es sich um einen kritischen Vorgang.
- [ ] d Es gibt Vorgänge mit negativem Puffer.
- [ ] e Ein Projekt hat immer einen kritischen Weg.

>> Seiten 50 bis 51 |

10. Welche der folgenden Vorgänger-Nachfolger-Beziehungen gibt es **nicht**? (eine richtige Antwort)

- [ ] a Normalfolge
- [ ] b Sprungfolge
- [ ] c Endfolge
- [ ] d Teilfolge
- [ ] e Anfangsfolge

>> Seiten 53 bis 54 |

11. Eine weitere Darstellung in der Ablauf- und Terminplanung ist das Gantt-Diagramm.

Aufgabe: Beschreiben Sie den Aufbau eines Gantt-Diagramms. Stellen Sie die Vor-und Nachteile dieser Methode dar!

>> Seiten 54 bis 56 |

12. In der Einsatzmittelplanung ist der erste Schritt in der Regel die Erstellung einer Einsatzmittelliste.

Aufgabe: Welche Informationen sind in einer Einsatzmittelliste zusätzlich zu einer Vorgangsliste enthalten?

>> Seiten 57 bis 58 |

2. Projekt planen

13. Das Ressourcen-Belastungs-Diagramm ist eine weitere Methode, um den Einsatzmittelbedarf in Projekten planen zu können.

    Aufgaben:

    a) Welche Informationen lassen sich aus einem Ressourcen-Belastungs-Diagramm ablesen?

    b) Welche Reaktionsmöglichkeiten sind möglich, wenn die Kapazitätsgrenze einer Ressource überschritten wird?

    c) Welche Voraussetzungen müssen für diese Reaktionsmöglichkeiten gegeben sein?

    >> Seiten 58 bis 60 |

14. Bei der finanziellen Planung von Projekten wird oftmals ein Liquiditätsplan erstellt.

    Aufgaben:

    a) Wie wird dabei vorgegangen?

    b) Welche Informationen liefert ein Liquiditätsplan?

    >> Seite 61 |

15. Um das Projektrisiko einschätzen zu können, sollte schon bei der Projektplanung eine Risikoanalyse durchgeführt werden.

    Aufgabe: Beschreiben Sie die vier Schritte des systematischen Risikomanagements!

    >> Seiten 61 bis 64 |

3. Projektdurchführung überwachen und steuern

Kompetenzen

> Projektaktivitäten dokumentieren.
> Instrumente zur Projektfortschrittsüberwachung einsetzen.
> Soll-Ist-Abweichungen erkennen und korrigieren.

3.1 Projektkontrolle und -steuerung

Regelkreis der Projektsteuerung und -kontrolle

Projektkontrolle und -steuerung

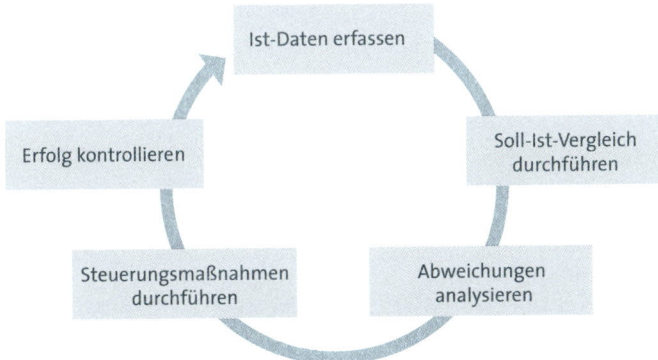

Eine intensive Projektplanung, deren Methoden und Techniken im Kapitel 2 ausführlich behandelt wurden, stellt eine zwingend notwendige Voraussetzung für einen erfolgreichen Projektverlauf dar. Allerdings ist die Wahrscheinlichkeit sehr gering, dass die detailliert geplante Projektstruktur, der zeitliche Ablauf oder auch die finanzielle Planung exakt so eintreten wie erwartet. Man könnte für Projekte also (mit einem Augenzwinkern) zusammenfassen: **„Erstens kommt es anders und zweitens, als man denkt!"**

Aus diesem Grund ist während des Projektverlaufs die fortlaufende **Kontrolle des aktuellen Projektstandes** unbedingt notwendig, um den Projektfortschritt überwachen zu können. Immer dann, wenn sich bei dieser Kontrolle Abweichungen von der Planung ergeben, hat die Projektleitung die Möglichkeit, an verschiedenen Stellschrauben zu drehen, um das Projekt wieder „in die Spur" zu bringen. Dieses Vorgehen nennt man **Projektsteuerung.**

Kontrolle

Steuerung

3. Projektdurchführung überwachen und steuern

Soll-Ist-Vergleich

> Bei der Projektkontrolle und -steuerung geht es vorrangig um einen **Soll-Ist-Vergleich** zwischen dem geplanten Projektverlauf (= Soll) und dem tatsächlichen Projektverlauf (= Ist) sowie der Durchführung der aus diesem Vergleich resultierenden Maßnahmen.

Das zeitnahe Entdecken von Abweichungen ist dabei von entscheidender Bedeutung. Denn je früher eine zeitliche oder finanzielle Abweichung oder auch ein qualitativer Fehler entdeckt wird, desto einfacher und kostengünstiger kann dieser auch behoben werden.

Beispiel:

Ein Projekt, das die Serienreife eines neuen Produktes zum Ziel hat, wurde in drei Projektphasen unterteilt: Entwicklungsphase, Produktionsphase und Testphase beim Kunden.

Die Projektmitarbeiter in der Entwicklung arbeiten nach einem engen Zeitplan, daher ist das Ergebnis dieser Phase (Baupläne, Prototyp usw.) nicht fehlerfrei.

Werden diese Fehler bereits zu Beginn der Produktionsphase festgestellt, kann die Fehlerbeschreibung direkt rückgemeldet und sofort an der Behebung des Fehlers gearbeitet werden. Es ergeben sich nun zwar eventuell auch Probleme im Projekt (z. B. zeitlicher Verzug, höhere Kosten usw.). Allerdings würden die Kosten der Fehlerbeseitigung um ein Vielfaches höher sein, wenn die Fehler erst in der Testphase beim Kunden erkannt worden wären, denn zu diesem Zeitpunkt wären bereits produzierte Produkte unbrauchbar.

Zehnerregel der Fehlerkosten

Man spricht in diesem Zusammenhang auch von der **Zehnerregel der Fehlerkosten.** Diese besagt: Je länger ein Fehler in einem Projekt unentdeckt bleibt, desto höher werden die Kosten zur Behebung dieses Fehlers sein. Als Faustregel gilt dabei, dass sich die Kosten für die Behebung eines Fehlers nach jeder Projektphase verzehnfachen. Deshalb sollte großer Wert auf ein zeitnahes Erkennen und Beheben von Planungsabweichungen gelegt werden und ein ständiger Soll-Ist-Vergleich sowohl in zeitlicher als auch in finanzieller und qualitativer Hinsicht erfolgen.

Schematische Darstellung „Zehnerregel der Fehlerkosten"

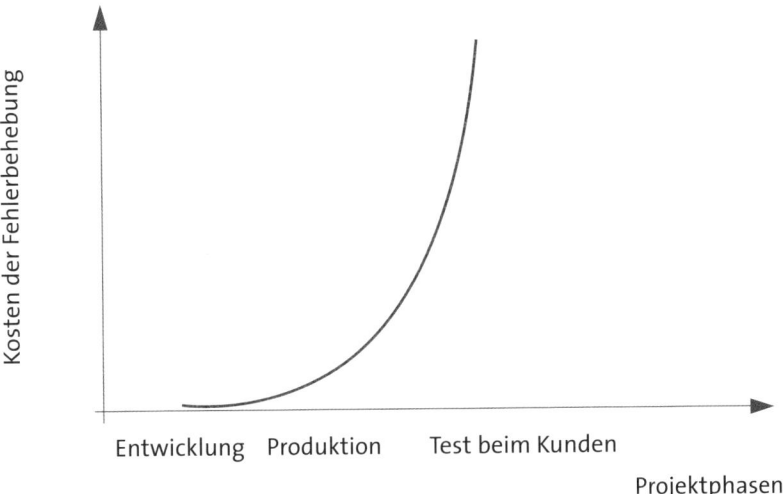

3.1.1 Ist-Situation erfassen

Ziel ist es, die bei der Planung des Projektes entstandenen Soll-Daten mit den Ist-Daten im Projektverlauf zu vergleichen. In einem ersten Schritt müssen dafür die **Daten der Ist-Situation** festgestellt werden. Dabei orientiert man sich in der Regel an den in der Projektplanung definierten Arbeitspaketen.

Ist-Situation erfassen

Um den aktuellen Projektstatus zu ermitteln, müssen für die Rückmeldung des Arbeitsfortschritts seitens der Projektleitung grundsätzliche Fragen beantwortet und zu Projektbeginn an das Projektteam kommuniziert werden:

Grundsätzliche Fragestellung

> **Wann** muss ein Arbeitspaketverantwortlicher den Status seines Arbeitspaketes melden? Muss eine regelmäßige Rückmeldung erfolgen, werden Zwischenergebnisse erwartet, oder reicht die Rückmeldung nach Fertigstellung des Arbeitspaketes?
> **An wen** muss die Meldung erfolgen – an den Projektleiter oder an eine andere Person?
> **Welche Informationen** müssen gemeldet werden – z. B. bisher geleistete Stunden, offene Stunden, erwarteter Fertigstellungstermin, bisher angefallene Kosten, offene Kosten, aufgetretene Fehler und Probleme usw.?
> **Wie** (also auf welchem Kommunikationsweg) müssen diese Informationen gemeldet werden? Telefonisch, per Mail, durch Ausfüllen eines Formulars, in einer Projektsitzung usw.?

Auf die unterschiedlichen Möglichkeiten, wie Arbeitsberichte oder Projektstatusinformationen an den jeweiligen Adressaten gemeldet werden können, wird später in den Abschnitte 4.1.6 „Kommunikationsformen in Projekten" und 4.7.2 „Regelmäßige Projektsitzungen" noch genauer eingegangen.

3.1.1.1 Terminsituation

Fertigstellungsgrad

Um den zeitlichen Stand eines Projekts kontrollieren zu können, muss während des Projektverlaufs in zuvor vereinbarten, regelmäßigen Abständen der **Fertigstellungsgrad** der einzelnen Arbeitspakete erhoben und an den Projektleiter (bzw. an den dafür verantwortlichen Projektmitarbeiter) rückgemeldet werden.

Dabei ergeben sich zwei Varianten, die grundlegend unterschiedlich sind:

Wurde die Arbeit an einem Arbeitspaket noch nicht begonnen bzw. ist diese schon komplett beendet, fällt es leicht, den Arbeitsfortschritt bzw. Fertigstellungsgrad **objektiv festzustellen** und auf 0 % bzw. 100 % festzusetzen (z. B. über die Eintragungsmöglichkeit „% abgeschlossen" in Microsoft Project).

Ist der betreffende Vorgang allerdings gerade „in Arbeit", kann eine solche objektive Einschätzung nicht mehr ohne Weiteres erfolgen. In diesem Fall ergibt sich oftmals ein großer **Interpretationsspielraum.** Teilweise werden Arbeitspakete als „fast fertig" gemeldet, obwohl noch sehr viel Arbeit zu leisten ist. Das kann geschehen, um Fehler zu vertuschen, sich als Arbeitspaketverantwortlicher gegenüber der Projektleitung oder dem Auftraggeber in ein positives Licht zu rücken oder aber einfach aufgrund einer (unbeabsichtigten) Fehleinschätzung der bisher geleisteten Arbeit.

Um hier nicht Fehlerketten entstehen zu lassen, die dann erst zu einem späteren Zeitpunkt im Projekt ersichtlich werden und die Fehlerbehebungskosten in die Höhe schießen lassen (vgl. Zehnerregel der Fehlerkosten), ist es notwendig, die geforderte Einschätzung einerseits möglichst ehrlich vorzunehmen (und beispielsweise auch einen zeitlichen Verzug oder erhöhte Kosten zu melden) und andererseits das Expertenwissen aller Mitarbeiter mit in die Einschätzung einfließen zu lassen.

Festlegen des Fertigstellungsgrad

Wie detailliert der Fertigstellungsgrad erhoben und rückgemeldet werden muss, ist von der Projektleitung festzulegen. Dabei kann z. B. zwischen den folgenden Varianten gewählt werden:

> **„0/100"-Methode**
> Alle Arbeitspakete, die noch nicht komplett abgeschlossen sind, werden zu diesem Zeitpunkt mit 0 % bewertet (auch wenn nur noch wenige Restarbeiten zu leisten sind).
> Nur komplett fertiggestellte Arbeitspakete werden auf 100 % gesetzt.

> **„0/50/100"-Methode**
> Zusätzlich zu der Einteilung in 0 % und 100 % wird eine weitere Stufe „50 %" hinzugefügt.
> Nun gilt: Ein noch nicht gestartetes Arbeitspaket wird mit 0 % bewertet. Ein Vorgang, der sich gerade „in Arbeit" befindet, erhält den Wert 50 %. Ein abgeschlossener Vorgang wird auf 100 % festgesetzt.

> **Definition von Abschnitten mit vordefiniertem Fertigstellungsgrad**
> Die einzelnen Arbeitsschritte, die in einem Arbeitspaket zusammengefasst worden sind, werden vorab mit einem vordefinierten Fertigstellungsgrad belegt. Sobald ein Arbeitsschritt dieses Vorgangs beendet ist, kann der zuvor festgelegte Fertigstellungsgrad an die Projektleitung rückgemeldet werden.

> **Beispiel:**
>
> Wird für das Arbeitspaket „Einbauen der Fenster" die „0/100"-Methode gewählt, muss nur eine Änderung in Microsoft Project vorgenommen werden – nämlich dann, wenn alle Fenster eingebaut und damit das Arbeitspaket vollständig abgeschlossen ist.
> Bei der „0/50/100"-Methode müssen schon zwei Änderungen vorgenommen werden.
> Bei der Zerlegung des Arbeitspaketes in die einzelnen Arbeitsschritte (z. B. in die Tätigkeiten Fensterrahmen einsetzen, Fensterrahmen mit Mauerwerk verschrauben, Fenster abdichten usw.) und einer Festlegung des jeweiligen Fertigstellungsgrads für jeden Arbeitsschritt (z. B. 0 %, 25 %, 40 % usw.), müssen eine Vielzahl an Änderungen vorgenommen werden.

Grundsätzlich gilt:
Je detaillierter die Einteilung gewählt wird, desto genauer sind die zum jeweiligen Zeitpunkt zur Verfügung stehenden Informationen – desto höher ist aber auch der zu leistende administrative Aufwand!

Daher sollte bereits zu Projektbeginn eine Abwägung erfolgen, wie detailliert die Informationen für die Steuerung des Projektes benötigt werden, um unnötigen Aufwand zu vermeiden.

3.1.1.2 Kostensituation

Mit dem Fertigstellungsgrad wird in erster Linie auf die Erhebung des Projektstatus in zeitlicher Hinsicht abgezielt. Allerdings sind neben den Terminen auch die im Projekt aktuell verbrauchten **Kosten** sowie die bisher erbrachte **Leistung (Qualität)** (vgl. die Ausführungen zum magischen Dreieck im Projektmanagement im Abschnitt 2.2.1 „Zielplanung") von Bedeutung.

Kostensituation in Projekten

> Werden der Projektleitung neben dem Fertigstellungsgrad auch Informationen über die im Arbeitspaket aktuell verbrauchten Kosten gemeldet, kann durch die Kombination dieser beiden Werte auch die finanzielle Ist-Situation der Arbeitspakete und damit des gesamten Projektes errechnet werden.

Bei abgeschlossenen Arbeitspaketen sind die im Arbeitspaket insgesamt verbrauchten finanziellen Mittel ohnehin exakt bekannt. Bei Vorgängen, die gerade bearbeitet werden, können die voraussichtlichen Gesamtkosten des Arbeitspaketes zumindest hochgerechnet werden. Allerdings ist hier Vorsicht geboten, denn oftmals ist eine proportionale Zuordnung der Kosten auf den Fertigstellungsgrad nicht sinnvoll (selbst wenn dieser für die einzelnen Arbeitsschritte vordefiniert wurde). Da Kosten nämlich direkt zu Beginn oder aber auch erst am Ende eines Arbeitspaketes anfallen können, kann die errechnete Kostensumme deutlich zu hoch oder auch deutlich zu niedrig ausfallen, wenn dies bei der Hochrechnung außer Acht gelassen wird.

Kostenzuordnung

> **Beispiel:**
>
> Im Arbeitspaket „Einbauen der Fenster" stellen die Materialkosten für die vorgefertigten Fenster sicher einen sehr hohen Kostenfaktor dar. Ist mit dem

Arbeitsschritt „Fensterrahmen einsetzen" beispielsweise 25 % des Arbeitspaketes abgeschlossen, würden für eine Hochrechnung die bis dahin verursachten Kosten mit 4 multipliziert werden, um die voraussichtlichen Gesamtkosten des Arbeitspaketes zu berechnen.

Die aktuell verbrauchten finanziellen Mittel sind aber stark davon abhängig, ob etwa die Materialkosten für die Fenster zum betrachteten Zeitpunkt bereits fällig waren oder erst am Ende des Arbeitspakets fällig werden. Damit ergeben sich – wenn diese Tatsache nicht beachtet wird – völlig unterschiedliche Werte bei der Hochrechnung auf die Gesamtkosten.

3.1.1.3 Erbrachte Leistung

Erbrachte Leistungen beurteilen

Weitaus schwieriger als die Erhebung der zeitlichen und finanziellen Ist-Situation eines Arbeitspakets kann sich die Aussage über die in einem Arbeitspaket (bzw. im bisherigen Projektverlauf) gelieferte Qualität darstellen.

Sicherlich gibt es Projekte, in denen sich die Überprüfung der Leistung in qualitativer Hinsicht relativ einfach gestaltet, so z. B. im zuvor betrachteten Bauprojekt, in dem der technisch korrekte Einbau der Fenster nach handwerklichen Gesichtspunkten exakt kontrolliert werden kann.

Allerdings ergibt sich beispielsweise gerade in Forschungs- und Entwicklungsprojekten die Qualität der (Zwischen-)Ergebnisse einzelner Arbeitspakete eventuell erst bei der Betrachtung der Ergebnisse am Ende einer Projektphase oder gar erst am Ende des Gesamtprojektes. Hier müssen bezüglich der qualitativen Betrachtung der aktuellen Projektergebnisse gegebenenfalls Abstriche gemacht werden.

> **Beispiel:**
> In einem F+E-Projekt wird an der Entwicklung eines neuen Elektromotors geforscht, wobei die Entwicklung der verschiedenen Komponenten parallel in mehreren Arbeitsgruppen erfolgt. Die qualitative Einschätzung der einzelnen Komponenten ergibt sich erst nach dem Zusammenbau der einzelnen Komponenten zu einem späteren Projektzeitpunkt.

3.1.2 Soll-Ist-Vergleich durchführen

Soll-Ist-Vergleiche

Die Erhebung der Ist-Situation alleine bringt aber noch keine nutzbaren Informationen für die Projektsteuerung. Diese Informationen ergeben sich erst mit einem Vergleich der aktuellen Ist-Werte mit den zuvor geplanten Soll-Werten. Für diese Gegenüberstellung können verschiedene Techniken aus der Projektplanung weitergeführt und somit nutzbar gemacht werden.

3.1.2.1 Überwachung per Balkendiagramm

Überwachung per Balkendiagramm

Eine einfache Methode für die **zeitliche Kontrolle** eines Projektes stellt die Eintragung der aktuellen Ist-Werte in das in der Projektplanung erstellte Balkendiagramm dar. Diese Variante bietet eine aussagekräftige grafische Gegenüberstellung von Soll- und Ist-Werten des Projektes, wodurch auf einen Blick eventuelle zeitliche Verzögerungen sichtbar gemacht werden können.

3.1 Projektkontrolle und -steuerung

Soll ein Projekt mithilfe von Projektmanagementsoftware geplant, kontrolliert und gesteuert werden, bietet etwa Microsoft Project diese Möglichkeit über die **Ansicht „Gantt-Diagramm: Überwachung".** Hier kann der aktuelle Projektstatus mit während des Projektverlaufs abgespeicherten **Basisplänen** verglichen werden – also z. B. mit dem Balkendiagramm, das bei der Projektplanung festgelegt worden ist, oder auch mit Balkendiagrammen, die den Ist-Stand aus früheren Zeitpunkten der Projektüberwachung darstellen. Dabei wird der aktuelle Projektfortschritt (als Prozentangabe der Fertigstellung) als Zusatzinformation über den Balken des Basis-Balkendiagramms angezeigt, wodurch eine tagesaktuelle Gegenüberstellung und somit eine einfache und übersichtliche zeitliche Analyse des Projektverlaufs erfolgen kann.

Bildschirmausschnitt: Ansicht „Gantt-Diagramm: Überwachung"

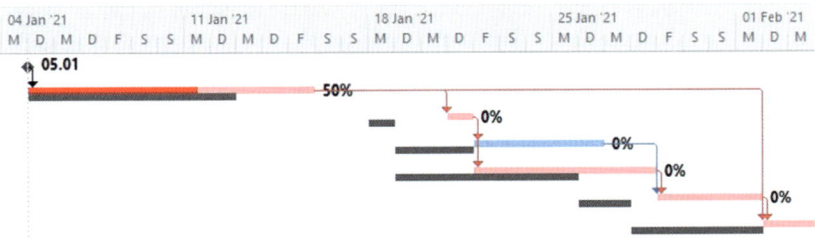

Aus dem gewählten Bildschirmausschnitt wird ersichtlich, dass die Ist-Balken (oben) weiter rechts positioniert sind als die Soll-Balken des gespeicherten Basisplans (unten): In diesem Projekt herrscht also zeitlicher Verzug: Die Projektleitung muss reagieren!

3.1.2.2 Überwachung per Arbeitsfortschritts-Vergleichsdiagramm

Eine weitere Variante der Darstellung der zeitlichen Ist-Situation in einem Projekt stellt das Arbeitsfortschritts-Vergleichsdiagramm dar. Hier wird auf der horizontalen Achse die Projektdauer und auf der vertikalen Achse der Arbeitsfortschritt (in Prozent) abgetragen.

Überwachung per Arbeitsfortschritts-Vergleichsdiagramm

Um eine Vergleichslinie zu erhalten, werden zu Beginn die für das Projekt geplanten Soll-Werte des Arbeitsfortschrittes eingetragen und verbunden. Während des Projektes werden dann die aktuellen Ist-Werte in das Diagramm übernommen und ebenfalls mit einer Linie verbunden. Dabei gilt: Liegt die **Ist-Linie unterhalb der Soll-Linie,** so besteht zum aktuellen Zeitpunkt ein **zeitlicher Verzug.** Anders herum gilt: Liegt die Ist-Linie über der Soll-Linie, erfolgt die Abarbeitung des Projekts schneller als geplant.

Arbeitsfortschritts-Vergleichsdiagramm

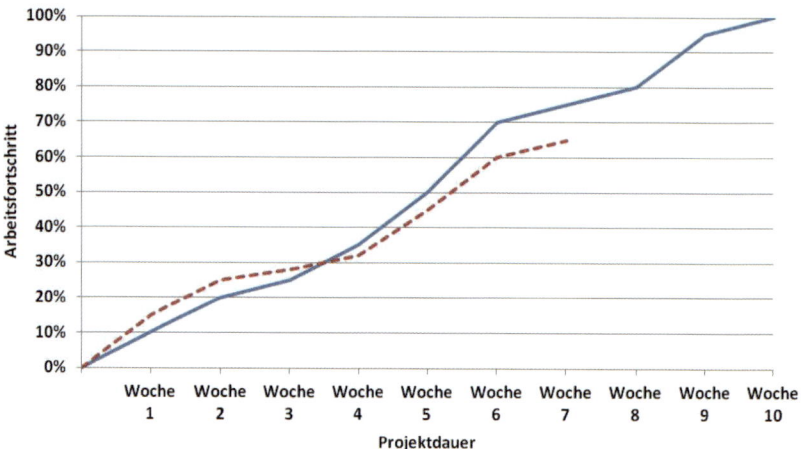

In der Abbildung ist die Ist-Linie (gestrichelt) zunächst oberhalb der Soll-Linie, der Projektverlauf ist hier also „zu schnell". Nach etwa drei Wochen gerät das Projekt in zeitlichen Verzug, zum aktuellen Zeitpunkt (Woche 7) ist eine deutliche Lücke zwischen Soll- und Ist-Linie erkennbar.

Aussagekraft der Methoden

An dieser Stelle soll kurz auf die Aussagekraft der unterschiedlichen Methoden zur Festlegung des Fertigstellungsgrades (vgl. Abschnitt 3.1.1a „Terminsituation") verwiesen werden. Denn je nach gewählter Methode ist hier die Möglichkeit der Manipulation des Arbeitsfortschritts-Vergleichsdiagramms gegeben, was seitens der Projektleitung bei der Projektkontrolle und -steuerung unbedingt im Blick behalten werden sollte.

Beispiel:

Ein für ein Teilprojekt zuständiger Teilprojektleiter bemerkt, dass er mit seinem Team in seinem Teilbereich in zeitlichen Verzug geraten ist, was er allerdings vor der Projektleitung des Gesamtprojektes nicht zugeben möchte. Bei der „0/50/100"-Methode kann er durch den Beginn mehrerer Arbeitspakete den Arbeitsfortschritt schnell in die Höhe treiben, da bei dieser Methode selbst kleinste Arbeitsschritte sofort einen Fertigstellungsgrad von 50 % nach sich ziehen. Der zeitliche Verzug des (Teil-)Projektes würde dann zunächst nicht angezeigt werden, aber eventuell zu einem späteren Zeitpunkt Probleme bereiten.

3.1.2.3 Überwachung der Kostensituation

Kosten-Vergleichs-diagramm

Analog zum Arbeitsfortschritts-Vergleichsdiagramm kann auch ein **Kosten-Vergleichsdiagramm** zur Kontrolle und Steuerung des Projektes eingesetzt werden. Während auf der horizontalen Achse weiterhin die Projektdauer abgetragen wird, werden nun vertikal die bisher angefallenen Projektkosten in das Diagramm aufgenommen. Bei einem Kosten-Vergleichsdiagramm ist jedoch zu beachten, dass es ohne aktuelle Informationen zum Arbeitsfortschritt nur bedingt aussagekräftig ist.

3.1 Projektkontrolle und -steuerung

Beispiel:

Ein Projekt hinkt seinem Zeitplan hinterher, daher konnten für den aktuellen Zeitpunkt geplante Arbeitspakete noch nicht abgearbeitet werden. Da deren Kosten in der Soll-Linie bereits eingerechnet sind, in der Ist-Linie allerdings nicht, liegt die Ist-Kosten-Linie unter der Soll-Kosten-Linie. Dies muss jedoch nicht zwangsläufig zur Folge haben, dass das Projekt insgesamt kostengünstiger abgeschlossen werden kann als geplant.

Als weitere Möglichkeit für die Überwachung und Steuerung der Kostensituation eines Projektes bietet sich daher die Erweiterung des Projektkostenplans (vgl. Abschnitt 2.6.1 „Kostenplanung") an. Mit der Aufnahme der beiden **Spalten „Fertigstellungsgrad" und „Ist-Kosten"** kann in einer **Kostenvergleichstabelle** die aktuelle und voraussichtliche Kostensituation dargestellt bzw. berechnet werden. Allerdings gilt auch hier der Hinweis aus Abschnitt 3.1.1 b, dass sich die Kosten nur selten proportional über Arbeitspakete verteilen und dies in die Hochrechnung mit einbezogen werden muss. Ansonsten wird eine allzu einfache Hochrechnung falsche Ergebnisse über den Projektstatus liefern.

Kostensituation

3.1.3 Steuerungsmaßnahmen durchführen

Abweichungen, die sich aus dem Soll-Ist-Vergleich ergeben, können unterschiedliche Ursachen haben. Zeigt sich in einem Projekt eine zeitliche Verzögerung oder laufen die Kosten aus dem Ruder, kann das z. B. folgende Ursachen haben:

- unrealistische Planung
- zu geringe Arbeitsqualität (daher Doppelarbeiten notwendig)
- zu geringes Qualifikationsniveau der Projektmitarbeiter
- zwischenmenschliche Probleme im Projektteam
- Ursachen außerhalb des Projektes (z. B. Insolvenz eines Lieferanten, Wechselkursschwankungen aufgrund weltpolitischer Entwicklungen …)
- …

Bevor die passenden Steuerungsmaßnahmen eingeleitet werden, also an den jeweiligen Stellschrauben gedreht wird, sollten daher zunächst die **Ursachen der Abweichungen** erforscht werden.

Ursachen für Abweichungen

Es gilt, allzu schnelle und nicht ausreichend durchdachte „Patentlösungen" für Probleme zu vermeiden. Sie können eventuell an der falschen Stelle ansetzen und die Abweichungen im Projekt nicht beheben, sondern die Lage im schlimmsten Fall sogar noch verschärfen.

Beispiel:

In einem Projekt fallen mehrere Mitarbeiter gleichzeitig krankheitsbedingt aus, was zur Folge hat, dass sich das gesamte Projekt terminlich verspätet. Die Projektleitung entschließt sich daraufhin, kurzfristig weitere Mitarbeiter einzustellen und diese mit einem Vertrag über die Projektdauer hin zu versehen. Da die kurzfristig neu eingestellten Mitarbeiter jedoch nicht über die notwendigen Qualifikationen verfügen, ergibt sich eine erhöhte Einlernzeit, womit die verbleibenden Mitarbeiter kurzfristig zusätzlich belastet werden.

Als wenig später wieder alle Mitarbeiter gesund sind, ergibt sich die Problematik, dass zu viele (nicht ausgelastete) Mitarbeiter im Projekt tätig sind, was zu einer Erhöhung der Projektkosten führt.

In diesem Beispiel wäre die Erkenntnis zielführend gewesen, dass es sich bei den krankheitsbedingten Ausfällen um ein kurzfristiges, vorübergehendes Problem handelt – und nicht um eine Fehlplanung im Projekt. Als Steuerungsmaßnahme wäre z. B. die Anordnung von Mehrarbeit (z. B. samstags) über einen bestimmten Zeitraum sinnvoller gewesen.

Steuerungsmaßnahmen, die ergriffen werden sollen, um Abweichungen entgegenzuwirken, können – je nach dem Ergebnis der Ursachenforschung – an unterschiedlichen Punkten ansetzen. Grundsätzlich muss bei Steuerungsmaßnahmen zwischen Ist-Korrekturen und Soll-Korrekturen unterschieden werden:

Ist-Korrekturen

> **Ist-Korrekturen** ändern den aktuellen Projektverlauf, um Planabweichungen entgegenzuwirken – ohne dabei das zu Beginn festgelegte Projektziel zu verändern.

> Beispiel:
>
> Anordnung von Mehrarbeit, Fortbildung der Projektmitarbeiter, Förderung der Motivation und Zusammenarbeit im Projektteam, Verbesserung der Qualitätsprüfung ...

Soll-Korrekturen

> **Soll-Korrekturen** setzen am Projektziel an und verändern das geplante Projektergebnis. Für Soll-Korrekturen ist die Zustimmung des Auftraggebers notwendig.

> Beispiel:
>
> Reduzierung der Leistung, Abschwächen von Qualitätsstandards, Verschiebung des Projektendes, Erhöhung des Projektbudgets ...

3.2 Qualitätssicherung und Fehlervermeidung

Qualitätssicherung

In den vorangegangenen Abschnitten wurde das Hauptaugenmerk auf das Erkennen und Bekämpfen von Abweichungen im Projekt in zeitlicher und kostentechnischer Hinsicht gelegt. Die dritte Ecke des „magischen Dreiecks im Projektmanagement" wurde zunächst etwas hintenangestellt.

Während bei Terminen und Kosten klare Aussagen („Zu spät!" oder „Zu teuer!") getroffen werden können, kann das (abhängig vom jeweiligen Projekt) beim Qualitätsanspruch („Zu schlecht!?") ein sehr subjektives Empfinden sein.

> Beispiel:
>
> Ein Projekt hat das Ziel, die Marketingkonzeption eines Handwerksbetriebs zu überprüfen und weiterzuentwickeln. Das zuständige Projektteam analysiert dafür die Wettbewerbssituation, befragt potenzielle und bestehende

Kunden, entwickelt Werbestrategien und Ideen für neue Geschäftsfelder usw.

Eine vollständig objektive Beurteilung der Ergebnisqualität gestaltet sich in einem solchen Projekt sicher weitaus schwieriger als in einem Bauprojekt, in dem die Qualität der Ergebnisse nach technischen Gesichtspunkten zweifelsfrei geprüft werden kann.

3.2.1 Grundlagen für Qualität

Trotz der Subjektivität, die bei der Qualitätsfrage mitschwingt, muss dieser Bereich intensiv betrachtet werden, um hier eine bestmögliche Leistung im Projekt erreichen zu können.

Daher nachfolgend einige Tipps, die dabei helfen können, die Qualität in Projekten zu sichern:

Maßnahmen zur Qualitätssicherung

> **Auftraggeber- (bzw. Kunden-)Orientierung:**
> Nicht alles, was dem Projektleiter oder dem Projektteam gefällt, muss auch dem Auftraggeber gefallen! Genaue Absprachen mit dem Auftraggeber und das Hinarbeiten auf dessen Erwartungen ergeben ein gemeinsames Qualitätsverständnis.
> **Einbindung aller Projektmitarbeiter:**
> Das Qualitätsdenken muss für alle Mitarbeiter im Projekt gelten. Die individuelle Leistung jedes Einzelnen zählt – das muss den Mitarbeitern bewusst gemacht werden!
> **Messbare Qualität:**
> Wo es möglich ist, sollten Kriterien gefunden werden, durch die Qualität greifbar, also quantitativ messbar gemacht werden kann, um eine möglichst objektive Kontrolle der Projektergebnisse durchführen zu können.
> **Qualitätsförderliches Umfeld:**
> Eine realistische Planung, die die Projektmitarbeiter nicht überfordert, dem Projekt die notwendigen Ressourcen zur Verfügung stellt und einen offenen Umgang mit Fehlern erlaubt, unterstützt den Qualitätsgedanken.
> **Regelmäßige Reflexion der geleisteten Arbeit:**
> Der regelmäßige Austausch über das Projekt, die aufgetretenen Probleme und deren Lösungsansätze verhindert, dass Fehler erneut gemacht werden. Solch ein Austausch bietet die Basis dafür, sowohl im aktuellen Projekt als auch in kommenden Projekten den Qualitätsanspruch hochzuhalten.

Die hier aufgeführten Hinweise müssen in jedem Betrieb (bzw. in jedem Projektumfeld) für jedes Projekt aufs Neue etabliert und umgesetzt werden. Allerdings ergibt sich sicher ein Lernprozess bei den an Projekten beteiligten Personen, sodass es von Projekt zu Projekt leichterfallen wird, diese Tipps zu beherzigen.

3.2.2 Dokumentation und Berichterstattung

Der Projektverlauf – also wichtige Informationen über getroffene Entscheidungen, die im Projekt aufgetretenen Probleme, die Ansätze zur Lösung dieser Probleme usw. – sollte dokumentiert werden. Um den Projektverlauf für das Projektteam, aber auch für andere Beteiligte wie den Auftraggeber oder das Steuerungs- bzw. Lenkungsgremium nachvollziehbar zu machen, empfiehlt es sich, die Pläne und

Projektdokumentation

Unterlagen, die während des Projektes entstehen, in der **laufenden Projektdokumentation** zusammenzufassen.

Zu den Dokumenten der laufenden Projektdokumentation gehören beispielsweise Informationen zur gewählten Projektorganisationsform, die im Projekt festgelegten Regeln für eine strukturierte Zusammenarbeit im Projektteam und mit externen Stellen, alle im Projekt verwendeten Pläne (z. B. Projektstrukturplan, Netzplan, Einsatzmittelliste …), die Unterlagen zu den getroffenen Entscheidungen sowie Protokolle von Projektsitzungen.

Projektdokumentation als Prozess

Die laufende Projektdokumentation stellt eine **projektbegleitende Aufgabe** dar, daher gilt auch hier – wie bereits in vielen anderen Bereichen angeführt – der Grundsatz, die zu leistende Arbeit nicht unnötig aufzublähen: Es sollte so umfangreich und detailliert wie nötig dokumentiert, aber gleichzeitig der Arbeitsaufwand im Blick behalten werden.

Neben der laufenden Projektdokumentation ist auch die Projektabschlussdokumentation von Bedeutung. Dieses Themenfeld wird in Abschnitt 5.3 „Projektdokumentation" erläutert.

Für die laufende Projektdokumentation werden ein Vielzahl an Dokumenten und Unterlagen zusammengestellt, wobei die ersten Versionen oftmals schon in der Planungsphase eines Projektes entstehen, diese aber während des Projektes weiter aktualisiert und überarbeitet werden (z. B. Aktualisierung der Basispläne des Gantt-Diagramms in Microsoft Project).

Projektberichterstattung

Werden diese Projektunterlagen nicht nur gesammelt und für die Zukunft aufbewahrt, sondern auch als Informationsgrundlage etwa an den Auftraggeber, die Unternehmensleitung oder das im Projekt etablierte Steuerungs- bzw. Lenkungsgremium weitergegeben, spricht man von **Projektberichterstattung.**

Durch die Weitergabe bzw. Präsentation dieser Informationen an die Entscheider und Beeinflusser eines Projektes werden diese stärker in den Prozess mit eingebunden. Dies bewirkt in der Regel eine intensivere Auseinandersetzung mit den Belangen des Projektes und damit eine stärkere Unterstützung des Projektteams. Die Projektberichterstattung wird daher auch als Bestandteil des Projektmarketings angesehen.

Wiederholungsfragen

1. Was versteht man unter der „Zehner-Regel der Fehlerkosten"?

    >> Seiten 78 bis 79 |

2. Um einen eventuellen zeitlichen Verzug in einem Projekt zu erkennen, muss regelmäßig der Fertigstellungsgrad der Arbeitspakete erhoben und an den Projektleiter rückgemeldet werden. Für die Erhebung des Fertigstellungsgrades bestehen verschiedene Methoden.

    Aufgaben:

    a) Nennen Sie die verschiedenen Methoden!

    b) Beschreiben Sie jeweils die Vor- und Nachteile!

    >> Seiten 80 bis 81 |

3. Welche Erkenntnisse liefert ein Arbeitsfortschritts-Vergleichsdiagramm?

    >> Seiten 83 bis 84 |

4. Bei Steuerungsmaßnahmen wird zwischen Ist- und Soll-Korrekturen unterschieden. Bei welchen der folgenden Steuerungsmaßnahmen handelt es sich um eine Soll-Korrektur? (drei Antworten)

    - [ ] a Mit dem Auftraggeber wird vereinbart, billigeres Material zu verwenden, um die geplanten Kosten einhalten zu können.
    - [ ] b Die Projektmitarbeiter nehmen an einer Schulung teil, um die für das Projekt notwendigen Qualifikationen zu erwerben.
    - [ ] c Das Projektende wird um 2 Wochen nach hinten verlegt.
    - [ ] d Das Projektbudget wird um 10.000 € erhöht.
    - [ ] e Das Informationskonzept wird angepasst, künftig müssen die Arbeitspaketverantwortlichen den Projektstatus täglich an den Projektleiter melden.

    >> Seite 86 |

5. Bei Steuerungsmaßnahmen wird zwischen Ist- und Soll-Korrekturen unterschieden. Welchen der folgenden Steuerungsmaßnahmen handelt es sich um eine Ist-Korrektur? (drei Antworten)

   ☐ a Die Projektmitarbeiter nehmen an einer Schulung teil, um die für das Projekt notwendigen Qualifikationen zu erwerben.

   ☐ b Das Projektende wird um 2 Wochen nach hinten verlegt.

   ☐ c Das Projektbudget wird um 10.000 € erhöht.

   ☐ d Das Informationskonzept wird angepasst, künftig müssen die Arbeitspaketverantwortlichen den Projektstatus täglich an den Projektleiter melden.

   ☐ e Um zum vereinbarten Projektende fertig zu sein, wird Samstagsarbeit angeordnet.

   >> Seite 86 |

6. Für die Projektkontrolle und -steuerung ist die laufende Projektdokumentation ein wichtiges Werkzeug. Welche Informationen werden dabei gesammelt und dokumentiert?

   >> Seiten 87 bis 88 |

4. Projektteam zusammenstellen und führen

Kompetenzen

> Kommunikationsinstrumente zur Information nutzen.
> Meetings planen und vorbereiten sowie an Meetings teilnehmen.
> Motivationsgespräche führen.
> Konflikte erkennen und Maßnahmen zum Abbau einleiten.

4.1 Kommunikation im Projektablauf

Die „richtige" Kommunikation sowohl innerhalb des Projektteams als auch zu externen Personengruppen ist für eine erfolgreiche Projektabwicklung unabdingbar. Daher gilt es zu klären, was unter „richtiger" Kommunikation verstanden wird.

Kommunikation in Projekten

Für die Darstellung des Kommunikationsprozesses zwischen zwei (oder mehreren) Personen gibt es eine Vielzahl von (zum Teil stark vereinfachten) Modellen.

In den folgenden Abschnitten werden mehrere Modelle vorgestellt und auf deren Anwendung in der speziellen Situation eines Projekts eingegangen.

4.1.1 Sender-Empfänger-Modell

Das Sender-Empfänger-Modell wurde bereits im Jahr 1948 von Claude Elwood Shannon, einem amerikanischen Mathematiker und Elektrotechniker, entwickelt. Es stellt den Kommunikationsvorgang zwischen zwei Personen in einer stark vereinfachten und aus einer eher technischen Sichtweise dar.

Sender-Empfänger-Modell

Im Sender-Empfänger-Modell besteht Kommunikation aus der **Übertragung einer Nachricht** von einem Sender zu einem Empfänger. Die Nachricht muss dafür kodiert (= verschlüsselt) und mithilfe eines Übertragungsmediums übermittelt werden. Die Übermittlung der Nachricht kann dabei durch Störungen verfälscht werden. Als Voraussetzung für eine erfolgreiche – also „richtige" – Kommunikation gilt in diesem Modell, dass Sender und Empfänger denselben Code für die Nachricht verwenden, also dass die vom Sender übermittelte Nachricht vom Empfänger auch korrekt decodiert (= entschlüsselt) werden kann.

Sender-Empfänger-Modell nach C. E. Shannon

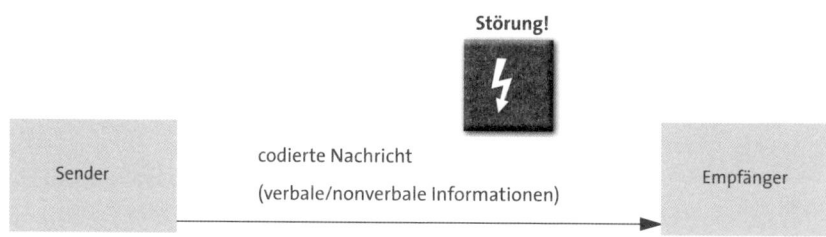

Nach der Logik dieses Modells gestaltet sich „richtige" Kommunikation deshalb so schwierig, weil sich der Sender und der Empfänger einer Nachricht missverstehen können. Die Ursachen für das Missverstehen der Nachricht liegen dabei, neben Störungen von außen (z. B. durch technische Schwierigkeiten wie schlechten Handyempfang o. Ä.), vor allem in den handelnden Personen selbst.

Beispiele:

Im Gespräch zwischen einem technisch versierten Handwerker und einem handwerklich unbegabten Kunden ergeben sich Kommunikationsprobleme, weil der Kunde das Gesagte schlichtweg nicht versteht, da er die verwendeten Fachbegriffe nicht kennt.

Eine bestellte Ware wird verspätet geliefert. Der Besteller ist darüber verärgert und will die Argumente des Lieferanten nicht hören, er reagiert grundsätzlich abweisend.

4.1.2 Kommunikation nach Watzlawick

Kommunikation nach Watzlawick

Der österreichisch-amerikanische Kommunikationswissenschaftler Paul Watzlawick hat die Annahmen des Sender-Empfänger-Modells verfeinert und fünf Grundsätze (= Axiome) formuliert, die für jede Form der Kommunikation gültig sind. Diese sollen hier (in zum Teil etwas verkürzter Form) erläutert werden:

Fünf Axiome

1. Man kann nicht nicht kommunizieren!
Sobald sich zwei Personen gegenseitig wahrnehmen, wird zwischen diesen beiden Personen immer eine Kommunikation ablaufen. Auch wenn nicht verbal (= sprachlich) kommuniziert wird, so läuft die nonverbale (= nicht sprachliche) Kommunikation (z. B. durch Verhalten, Gestik, Mimik) trotzdem weiter.

2. Jede Kommunikation hat einen Inhalts- und Beziehungsaspekt, derart, dass Letzterer den Ersteren bestimmt!
Je nachdem, wie etwas gesagt wird, kann der gleiche Inhalt einer Nachricht vom Empfänger völlig unterschiedlich aufgenommen werden. Hier spielt das Verhältnis der beiden Kommunikationspartner eine wesentliche Rolle. Dieses Axiom wird im Vier-Ohren-Modell noch genauer erläutert (vgl. Abschnitt 4.1.4).

3. Die Natur einer Beziehung ist durch die Interpunktion der Kommunikationsabläufe seitens der Partner bedingt!
Im Kommunikationsprozess reagiert der Empfänger einer Nachricht immer auf das Kommunikationsverhalten des Senders. Gleichzeitig wird das Verhalten des Empfängers wiederum zum Auslöser für eine Reaktion des Senders – es ergibt sich ein Kreislauf der Kommunikation: Kommunikation ist also immer Ursache und Wirkung.

4. Menschliche Kommunikation bedient sich analoger und digitaler Modalitäten!
Kommunikation setzt sich aus digitaler (= logischer Informationsvermittlung) und analoger (= den Beziehungsaspekt betreffender, gefühlsbasierter) Kommunikation zusammen.
Für eine erfolgreiche Kommunikation müssen digitale und analoge Kommunikation – also der Inhalt der Nachricht und die Form der Vermittlung – zusammenpassen.

5. Zwischenmenschliche Kommunikationsabläufe sind entweder symmetrisch oder komplementär!
Bei der Kommunikation kann zwischen symmetrischen (die beiden Kommunikationspartner sind auf vergleichbarem Niveau, z. B. Gespräch zwischen zwei Projektmitarbeitern) und komplementären (die beiden Mitarbeiter ergänzen sich, z. B. Gespräch zwischen Projektleiter und Projektmitarbeiter) Kommunikationsprozessen unterschieden werden.

4.1.3 Eisbergmodell

Das Eisbergmodell geht auf den Österreicher Siegmund Freud zurück, der auch als Begründer der Psychoanalyse gilt.

Eisbergmodell

Im Eisbergmodell wird zwischen der **Inhalts- bzw. Sachebene** (Zahlen, Daten, Fakten) einer Nachricht und der **Beziehungsebene** (Gefühle, Stimmungen; ausgedrückt durch Gestik, Mimik, Tonfall usw.) unterschieden. Dabei wird das „Was" der Nachricht als Spitze eines Eisbergs (nur ca. 20 %) dargestellt, während sich das „Wie" als deutlich größerer, unsichtbarer Teil des Eisbergs (ca. 80 %) unter der Wasseroberfläche verbirgt.

Ebenen im Modell

Eisbergmodell **Eisbergmodell der Kommunikation**

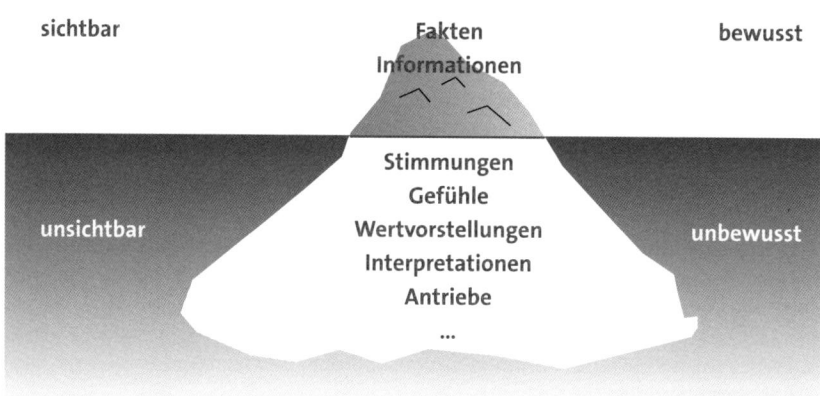

Im Kommunikationsprozess geht es also nicht nur darum, die richtigen Zahlen, Daten und Fakten einer Nachricht zu senden, sondern diese auch in der richtigen Form zu übermitteln, um die gewünschte Reaktion aufseiten des Empfängers zu erhalten: **Die Beziehungsebene bestimmt zu großen Teilen die Sachebene!**

4.1.4 Vier-Ohren-Modell

Vier-Ohren-Modell

Der deutsche Psychologe und Kommunikationswissenschaftler Friedemann Schulz von Thun hat die in den vorigen Abschnitten bereits angesprochene Beziehung zwischen der Inhalts- und der Beziehungsebene im Kommunikationsprozess aufgegriffen und daraus sein **Vier-Ohren-Modell** (oder auch: **Kommunikationsquadrat**) entwickelt.

Nach dem Vier-Ohren-Modell besteht jede Nachricht aus vier Seiten, die für die Interpretation von Bedeutung sind. Die Problematik bei der Kommunikation besteht darin, dass Sender und Empfänger einer Nachricht die vier Seiten anders wahrnehmen oder unterschiedlich stark gewichten können: Der Empfänger „hört" also etwas anderes als vom Sender gemeint.

Durch dieses Spannungsfeld können sich Missverständnisse und Probleme ergeben, die eine erfolgreiche Kommunikation verhindern.

4.1 Kommunikation im Projektablauf

Vier-Ohren-Modell nach F. Schulz von Thun

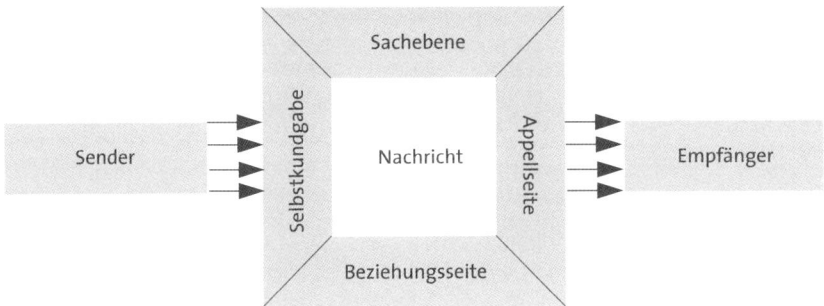

Die vier Seiten des Kommunikationsquadrats sind:

> **Sachebene:**
> Auf dieser Seite wird ausschließlich über die Sache selbst informiert, hier geht es also um Zahlen, Daten und Fakten der Nachricht.

> **Selbstkundgabe:**
> Auf dieser Seite geht es darum, was der Sender einer Nachricht bei der Kommunikation von sich selbst preisgibt.

> **Beziehungsseite:**
> Auf dieser Seite steht die Beziehung zwischen den beiden Kommunikationspartnern, also das Verhältnis zueinander, im Vordergrund.

> **Appellseite:**
> Auf dieser Seite geht es darum, welches Verhalten vom Empfänger als Reaktion auf die Nachricht erwartet wird.

Vier Seiten der Kommunikation

Beispiel:

Der Projektleiter spricht auf dem Weg aus dem Büro einen seiner Projektmitarbeiter auf seine vielen Überstunden an: „Sie haben doch sowieso schon so viele Überstunden, und jetzt sind Sie heute schon wieder bis 19.00 Uhr im Büro!"

Der Projektleiter will damit aussagen, dass ihm sehr daran gelegen ist, dass seine Mitarbeiter im Projekt nicht überlastet werden. Der gewünschte Appell in seiner Nachricht lautet daher: „Lassen Sie es für heute gut sein, gehen Sie nach Hause und genießen Sie Ihren Feierabend!"

Da der Projektleiter in dieser Situation allerdings auf einen überarbeiteten und gereizten Mitarbeiter trifft, kommt dieser Appell nicht an, sondern wird vom Mitarbeiter anders interpretiert. Die positiv gemeinte Aufforderung wird vom Mitarbeiter missverstanden, er fühlt sich durch die Aussage des Projektleiters unter Druck gesetzt (Appell: „Schinden Sie nicht schon wieder Überstunden!") und antwortet: „Ja, meinen Sie, ich bin zum Spaß hier!? Die Unterlagen müssen noch fertig gemacht werden, ich hätte auch lieber schon um 16.00 Uhr Feierabend gemacht!"

4.1.5 Tipps zur Verbesserung des Kommunikationsverhaltens

Kommunikation verbessern

Im oben aufgeführten Beispiel wird aufgezeigt, wie schnell sich der Kommunikationsprozess zwischen zwei Personen durch ein Missverständnis bzw. durch die falsche Interpretation der gesendeten Nachricht negativ entwickeln kann.

Daher sollen im Folgenden einige Tipps für eine „richtige" Kommunikation gegeben werden – egal ob Sie als Projektleiter, als Projektmitarbeiter oder in anderer Funktion kommunizieren.

4.1.5.1 Aktives Zuhören

Aktives Zuhören

Dem Gegenüber „aktiv zuhören"!

Wer einem Gespräch aufmerksam folgt, dem Gesprächspartner Interesse entgegenbringt und versucht, sich in sein Gegenüber hineinzuversetzen, wird weniger Missverständnisse im Kommunikationsprozess heraufbeschwören.

Oftmals ist es ein Problem, dass man mit den Gedanken schon im nächsten Gespräch, beim nächsten Meeting oder dem nächsten Kunden ist und daher die Feinheiten in der Gestik, Mimik oder im Tonfall des Gegenübers nicht richtig wahrnimmt. Wer aber konzentriert bei der Sache ist, Blickkontakt hält und bei Unklarheiten nachfragt, wird den Kommunikationsprozess positiver gestalten können.

4.1.5.2 Fragetechniken

Nachfragen

Nachfragen, wenn etwas unklar ist!

Selbst derjenige, der mit voller Konzentration bei der Sache ist und dem Gegenüber seine ungeteilte Aufmerksamkeit schenkt, kann in verschiedenen Situationen Probleme haben, die Nachricht seines Kommunikationspartners richtig zu entschlüsseln. In diesen Fällen sollte man unbedingt direkt nachfragen, wie eine Aussage gemeint war, und sich das Gesagte gegebenenfalls nochmals erläutern lassen.

Als grundsätzliche Fragetechniken können dabei **offene und geschlossene Fragen** unterschieden werden. Bei offenen Fragen (W-Fragen: Wer? Was? Wann? Warum? ...) geht es vorrangig darum, den Gegenüber ins Gespräch einzubinden, etwa um Hintergründe zu erfahren oder weitere Informationen zu sammeln.

Geschlossene Fragen hingegen verlangen eine klare Antwort (Ja oder Nein), womit eine verbindliche Aussage eingefordert werden kann. So kann ein Gespräch kurz gehalten werden, ohne auf die wesentlichen Informationen verzichten zu müssen.

4.1.5.3 Ich-/Du-Botschaften

Ich-Botschaften senden

Ich-Botschaften statt Du-Botschaften einsetzen!

Ich-Botschaften werden im Vier-Ohren-Modell vor allem für die Seite „Selbstkundgabe" als bedeutend angesehen. Der Sender einer Ich-Botschaft gibt seine Meinung und seine Gefühle preis. Gerade dann, wenn beispielsweise das Verhalten des Gegenübers kritisiert werden soll, bieten sich Ich-Botschaften an, um einen offenen Angriff zu vermeiden und stattdessen eine offene Kommunikation zu fördern.

4.1 Kommunikation im Projektablauf

Eine vollständige Ich-Botschaft besteht aus den folgenden vier Komponenten:

> **Beobachtung**
> Verhaltens- bzw. Situationsbeschreibung mithilfe von Zahlen, Daten und Fakten, aber ohne Bewertung der Situation
> **Gefühl**
> Ausdrücken der eigenen Gefühle, die sich aus der Beobachtung ergeben
> **Bedürfnis**
> Benennen der Bedürfnisse des Sprechers
> **Wunsch**
> Äußerung des Wunsches des Sprechers (Ergebnis der ersten drei Komponenten)

Vier Komponenten in Ich-Botschaften

Beispiel:

Der Projektleiter aus dem vorherigen Beispiel ändert seine Aussage (bisher: „Sie haben doch sowieso schon so viele Überstunden, und jetzt sind Sie heute schon wieder bis 19.00 Uhr im Büro!") um und formuliert nun eine vollständige Ich-Botschaft: „Sie haben schon über 100 Überstunden (Beobachtung). Ich mache mir Sorgen um Sie (Gefühl). Ich möchte meine Mitarbeiter nicht überstrapazieren (Bedürfnis), gehen Sie doch heute früher nach Hause! (Wunsch)"

Die Wahrscheinlichkeit, dass der Mitarbeiter die gut gemeinte Aussage seines Projektleiters jetzt auch noch falsch interpretiert, ist sicherlich deutlich geringer als vorher.

4.1.6 Kommunikationsformen in Projekten

In Projekten treten die verschiedensten Formen der Kommunikation auf. Neben der Kommunikation innerhalb des Projektteams kommunizieren auch das Projektteam und der Projektleiter miteinander, es herrscht ein Austausch mit dem Auftraggeber, mit (potenziellen) späteren Kunden oder auch mit der Öffentlichkeit.

Kommunikationsformen in Projekten

Die Grundlagen der Kommunikation sowie die Tipps für ein optimales Kommunikationsverhalten unterscheiden sich nur unwesentlich, egal in welchem Verhältnis die Kommunikationspartner zueinander stehen. Dennoch werden die Ziele der Kommunikation jeweils andere sein.

Während z. B. bei der **Kommunikation mit dem Auftraggeber** durch eine regelmäßige Information die Darstellung des Projektfortschrittes im Vordergrund steht, wird die **Kommunikation mit (potenziellen) Kunden** eher darauf abzielen, das zukünftige Projektergebnis in ein gutes Licht zu rücken und so eine positive Erwartungshaltung beim Kunden zu entwickeln. Bei der **Kommunikation mit der Öffentlichkeit** geht es (gerade bei strittigen Projekten) in der Regel darum, Projektmarketing zu betreiben, also die Notwendigkeit und die Vorteile des Projektes herauszustellen, etwa um die Entstehung von Gerüchten zu vermeiden oder zuvor negativ eingestellte Stakeholder zu Unterstützern des Projektes zu machen.

Kommunikationspartner

Bei der Kommunikation zwischen Projektleiter und Projektteam kann grundsätzlich zwischen zwei Kommunikationsrichtungen unterschieden werden:

> **Projektleiter kommuniziert mit dem Projektteam:**
> Es sollen Informationen von der Projektleitung an die Projektmitarbeiter weitergegeben werden. Dies kann natürlich in persönlichen Gesprächen, per Telefon, E-Mail oder auch über weitere Kommunikationskanäle geschehen. Eine bedeutende Kommunikationsform stellen hier auch Projektmeetings dar, auf die in Abschnitt 4.7 „Relevanz von Projektmeetings" noch genauer eingegangen wird.
> **Projektteam kommuniziert mit dem Projektleiter:**
> Auch für den umgekehrten Weg der Kommunikation werden die oben beschriebenen Kommunikationskanäle genutzt. Es empfiehlt sich jedoch, dass gerade für den regelmäßigen Informationsaustausch ein **Informationskonzept** von der Projektleitung vorgegeben wird, um so eine einheitliche Kommunikation zu etablieren.

Informationskonzept

> Ein Informationskonzept legt fest, **wer wann welche Informationen an wen und auf welchem Weg** weiterzugeben hat.

Beispiel:
Die Projektleitung gibt als grundsätzliche Vorgabe aus, dass Projektstatusmeldungen immer am Ende einer Arbeitswoche vom Arbeitspaketverantwortlichen per E-Mail an den Projektleiter zu senden sind.

4.2 Konfliktmanagement in Projekten

4.2.1 Entstehung von Konflikten

Auch wenn die Modelle der Kommunikation bekannt sind und in der täglichen Kommunikation bestmöglich angewendet werden, können und werden sich in einem Projektteam Konflikte entwickeln.

Konflikte in Projekten

Konflikte sind immer an Personen geknüpft und entstehen dann, wenn unterschiedliche Erwartungen, Vorstellungen und Ansichten aufeinandertreffen. Ein angemessener Umgang mit Missverständnissen und Konflikten ist notwendig, um die Leistung des Teams und damit den Erfolg eines Projektes nicht zu gefährden. Es kann zwischen verdeckten (auch: latenten) Konflikten und offenen Konflikten unterschieden werden.

Konfliktarten

> Bei **verdeckten Konflikten** scheint es auf den ersten Blick so, als ob alles in Ordnung wäre, allerdings „brodelt" es unter der Oberfläche.
> Bei **offenen Konflikten** treten die unterschiedlichen Standpunkte, Meinungen oder Wünsche der Konfliktparteien offen zutage, und es kann relativ schnell zu einer Eskalation des Konflikts kommen.

Konflikte werden häufig so ausgetragen, dass ein direkter Schaden (Leistungsabfall, Imageverlust usw.) entsteht. Konflikte besitzen grundsätzlich eine Eigendynamik, wodurch den beiden Konfliktparteien, aber auch ihrem jeweiligen Umfeld, feste Rollen zugewiesen werden (z. B. Opfer, Täter, Unterstützer, Schlichter usw.). Dadurch werden relativ schnell weitere Personen in den Konflikt mit hineingezogen – die Konzentration auf die im Projekt zu leistenden Aufgaben fällt damit schwer, und die Qualität der Arbeit leidet.

Sowohl bei offenen Konflikten als auch bei verdeckten Konflikten muss daher durch die Projektleitung eine schnelle und für alle Beteiligten akzeptable Lösung angestrebt werden.

Wie Konflikte entstehen können:

> Mitarbeiter fühlen sich überlastet.
> Mitarbeiter sind unmotiviert, andere Mitarbeiter müssen deren Arbeit übernehmen.
> Informationen werden nicht weitergeleitet.
> Zwischenmenschliche Probleme werden in den Arbeitskontext übertragen.
> Absprachen werden nicht eingehalten
> …

Ursachen von Konflikten

Wie sich Konflikte äußern können:

> emotionale Kommunikation, persönliche Angriffe
> Verallgemeinerungen in der Kommunikation (nie, immer, dauernd …)
> veränderte Körpersprache
> negative Stimmung im Team
> Zurückziehen bzw. Ausgrenzen einzelner Teammitglieder
> Unpünktlichkeit, erhöhte Krankheitsquote
> …

Auswirkungen von Konflikten

Durch die enge Zusammenarbeit ist die Entstehung von Konflikten in einem Projekt nicht ungewöhnlich. Meinungsverschiedenheiten sollten jedoch offen kommuniziert werden, um verdeckte, unterschwellige Konflikte zu vermeiden. Vielmehr sollte für auftretende Konflikte zügig eine Lösung angestrebt werden, welche die (ebenfalls möglichen) positiven Auswirkungen eines Konflikts hervorhebt.

4.2.2 Eskalationsmodell nach Friedrich Glasl

Werden Konflikte nicht gelöst, können sie eskalieren. Der Österreicher Friedrich Glasl hat ein Modell entwickelt, in dem er **neun Stufen der Konflikteskalation** benennt, die er zu drei Ebenen zusammenfasst. Je weiter ein Konflikt fortgeschritten ist, d. h. also auch, je später mit der Lösung eines Konfliktes begonnen wird, desto „unmenschlicher" wird nach Glasl das Verhalten der beiden Konfliktparteien.

Neun Stufen der Konflikteskalation

> Auf der ersten **Ebene („win-win")** ist noch eine Konfliktlösung möglich, bei der beide Parteien als Gewinner aus dem Konflikt hervorgehen. Hier kann der Konflikt noch zwischen den beiden Konfliktparteien selbst gelöst werden.
> Auf der zweiten **Ebene („win-lose")** wird es im Konflikt ebenfalls noch einen Gewinner, aber auch schon einen Verlierer geben. Eine Lösung ist in der Regel nur noch durch das Eingreifen von außen (z. B. Schlichtung durch den Projektleiter) möglich.
> Auf der dritten **Ebene („lose-lose")** beenden beide Konfliktparteien den Konflikt als Verlierer, der Konflikt kann nur noch durch massiven Machteinsatz (z. B. Ausschluss beider Mitarbeiter aus dem Projektteam) gelöst werden.

Konflikteskalation nach F. Glasl

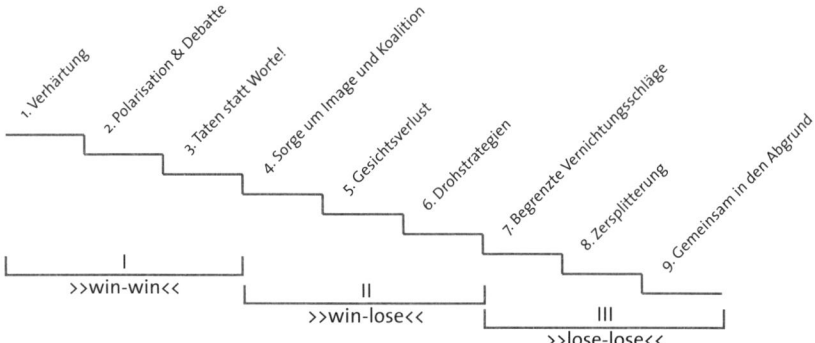

Ziel eines Projektleiters muss es also sein, ein Abrutschen von Konflikten in die Ebenen II und III zu verhindern, indem er latente und offene Konflikte so früh wie möglich erkennt und eine Lösung des Konflikts anstrebt. Wird der richtige Zeitpunkt verpasst, wird das Projekt vom Konflikt negativ beeinflusst werden.

Beispiel:

Zwei Projektmitarbeiter sind sich uneins über die richtige Vorgehensweise in einem Projekt. Solange nur über die „einzig richtige" Vorgehensweise debattiert wird **(Stufe 2 „Polarisation & Debatte")**, ist eine „friedliche" Einigung der beiden Mitarbeiter möglich.
Besteht der Konflikt allerdings weiter, und ein Mitarbeiter beginnt nun, seinen Kollegen als „unfähig" zu verleumden **(Stufe 5 „Gesichtsverlust")**, um seine eigene Position zu stärken, ist es für den Projektleiter nun höchste Zeit, einzugreifen und eine Konfliktlösung anzustreben.

4.3 Verhalten bei Widerständen und Krisen

4.3.1 Chancen und Vorteile von Konflikten

Obwohl dem Begriff „Konflikt" zunächst einmal etwas Negatives anhaftet, können Spannungen und Konflikten aber auch positive Seiten abgewonnen werden. Gerade dann, wenn die Eskalation eines Konfliktes und damit ein Abrutschen in die Ebenen II und III nach Glasl verhindert werden kann, entstehen in einem Konflikt keine Verlierer.

Es kann also durchaus von Vorteil sein, die Entstehung von Konflikten nicht grundsätzlich von vornherein zu unterbinden – sondern diese zunächst zuzulassen und dann zu lösen, um die Chancen und Vorteile von Konflikten für die Zukunft zu nutzen.

Mögliche **Chancen und Vorteile von Konflikten** können sein:

> Durch Konflikte werden Probleme und Ungereimtheiten offengelegt, Prozesse werden hinterfragt. Daraus ergibt sich die **Chance der Weiterentwicklung** für das Team.
> Unterdrückte bzw. „unter der Oberfläche" schwelende Konflikte belasten alle Beteiligten. Wird der Konflikt aber zugelassen und gelöst, können sich alle Konfliktparteien **wieder auf das Wesentliche konzentrieren.**
> Durch Konflikte können sich die Konfliktparteien positionieren. Sie setzen Grenzen und legen ihre Interessen offen. Damit lernen sie sich auch gegenseitig besser kennen. Konflikte können also auch eine Chance für das Team sein, **zusammenzuwachsen.**
> Gelöste Konflikte führen oftmals zu einer Weiterentwicklung der beteiligten Personen, da in Konflikten „**falsche**" **Verhaltensweisen** offen angesprochen werden, sodass diese reflektiert und in Zukunft abgestellt werden können.

Chancen/Vorteile von Konflikten

4.3.2 Konfliktlösung nach dem Harvard-Konzept

Um die Eskalation von Konflikten zu vermeiden, müssen Konfliktlösungen angestrebt werden. Das Einschreiten bei Widerständen und Krisen ist in Projekten die Aufgabe des Projektleiters.

Konfliktlösung

Wie können Konflikte gelöst werden?

In der Praxis hat sich für die Konfliktlösung das Vorgehen nach dem **Harvard-Konzept** als besonders geeignet erwiesen. Diese Methode wurde von Experten der Harvard-Universität entwickelt und hat das Ziel, Konflikte durch **sachbezogenes Verhandeln** zu lösen. Als Ergebnis soll eine konstruktive und friedliche Einigung erzielt werden, um eine **„Win-win-Situation" für alle Beteiligten** herzustellen.

Das Harvard-Konzept basiert auf den nachfolgenden vier Bedingungen:

Voraussetzungen

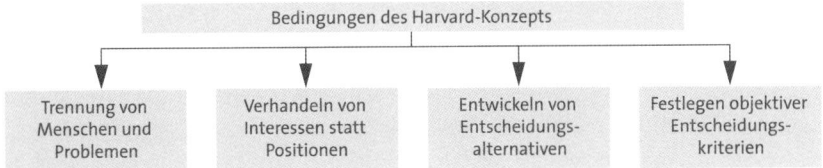

1. Trennen von Menschen und Problemen
Die meisten Konflikte bestehen aus einer Sachebene, die allerdings oft mit den Aspekten der Beziehungsebene, also z. B. mit der persönlichen Abneigung der Konfliktparteien, vermischt wird. Um eine optimale Lösung für den Konflikt zu erreichen, müssen diese beiden Ebenen voneinander getrennt behandelt werden – verhandelt wird also nach dem Leitspruch „Hart in der Sache, sanft im Umgang".

2. Verhandeln von Interessen statt Positionen
Sachbezogenes Verhandeln bedeutet, die Interessen der beteiligten Personen herauszuarbeiten und dafür deren Positionen hintenanzustellen. Das Ziel ist, eine optimale Lösung zu finden – und nicht herauszuarbeiten, welcher der Konfliktpartner im Recht (bzw. im Unrecht) ist oder wer mehr Macht hat. Über einen Wechsel der

Perspektive oder über die Fragestellung „Warum (nicht)?" gilt es herauszufinden, aus welchem Grund sich das Gegenüber genau so positioniert hat.

3. Entwickeln von Entscheidungsalternativen
Oftmals gestaltet sich eine Konfliktlösung deshalb problematisch, weil die Konfliktparteien über Lösungsvorschläge nicht genügend nachdenken und diese vorschnell ablehnen. Die Suche nach gemeinsamen Vorteilen (z. B. über ein gemeinsames Brainstorming) kann hier Abhilfe schaffen.

4. Festlegen objektiver Entscheidungskriterien
Nachdem gemeinsam Lösungswege gefunden worden sind, müssen sich die Konfliktparteien auf objektive Entscheidungskriterien einigen, um das abschließende Ergebnis zu bewerten. Diese objektiven Kriterien (z. B. frühere Vergleichsfälle, nachvollziehbare finanzielle Belastung, moralische Grundsätze usw.) sollen zu einer Akzeptanz der Konfliktlösung auf beiden Seiten führen.

Beispiel:

Ausgangssituation:
Teilprojektleiter A fordert bei Teilprojektleiter B einen zusätzlichen Mitarbeiter für seinen Aufgabenbereich an. Teilprojektleiter B lehnt das Anliegen sofort und verärgert mit dem Hinweis ab, dass er keine Leute zur Verfügung hat, die er entbehren kann. Hieraus entwickelt sich ein Konflikt, der Projektleiter muss vermitteln.

Konfliktverhandlung:
Nach dem Harvard-Konzept versucht der Projektleiter, die Interessen der beiden Konfliktparteien zu erfragen. Er erhält als Antwort, dass im Teilprojekt A aktuell mehrere Mitarbeiter krankheitsbedingt fehlen und deshalb zusätzliches Personal nötig ist.

Teilprojektleiter B möchte allerdings keinen seiner Mitarbeiter abgeben, da er dies in einem früheren Projekt auch schon einmal gemacht hat – mit der Folge, dass dieser Mitarbeiter dauerhaft „abkommandiert" worden ist, woraufhin er und seine Kollegen in erheblichen Zeitverzug geraten sind. Dies will er dieses Mal unbedingt verhindern.

Lösungsangebot:
Der angefragte Mitarbeiter arbeitet für maximal eine Woche im Teilprojekt A mit. Teilprojektleiter B erhält gleichzeitig die schriftliche Versicherung, dass der Mitarbeiter danach wieder ihm zugeordnet wird, um ein terminliches Problem zu vermeiden.

4.3.3 Konfliktgespräche

Konfliktgespräche

In den vorausgegangenen Abschnitten wurden Modelle, Methoden und Techniken der Kommunikation und der Konfliktbearbeitung vorgestellt:

Angefangen von den Grundmerkmalen der Kommunikation (Sender-Empfänger-Modell, Axiome nach Watzlawick, Eisbergmodell, Vier-Ohren-Modell) über diverse Kommunikationstechniken (Aktives Zuhören, Fragetechniken, Ich-/Du-Botschaften) bis hin zu einer Darstellung der Konfliktentwicklung (Eskalationsmodell nach Glasl) und einer Methode zur Konfliktlösung (Harvard-Konzept).

Ein Projektleiter darf sich nicht scheuen, auch unschöne Aufgaben anzugehen. Wird eine objektive Haltung eingenommen und das Hintergrundwissen über Konfliktpotenziale im Team mit den beschriebenen Methoden kombiniert, so ergibt sich auch für die (zugegeben oftmals unangenehme) Situation eines Konfliktgespräches ein praktikabler roter Faden.

4.4 Teambuilding und Umgang mit Mitarbeitern

Ein Projektleiter ist mit der Leitung des Projektes auch für die Führung seines Projektteams und damit für die Führung von Menschen zuständig. Beim Führungsverhalten lassen sich unterschiedliche Herangehensweisen erkennen.

Projektteams führen

Eine seit Langem bewährte Einteilung des Führungsverhaltens geht auf Kurt Lewin zurück, der **drei klassische Führungsstile** unterschieden hat:

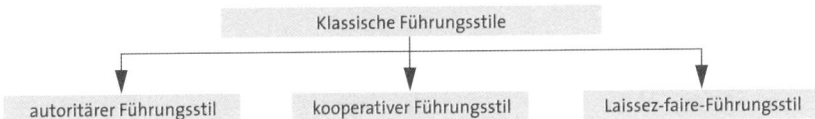

Jede Ausprägung besitzt sowohl Vor- als auch Nachteile, in der Praxis treten die Führungsstile in der Regel daher auch nicht in reiner Form auf. Ein Projektleiter sollte nicht stur auf einen Führungsstil fixiert sein, sondern je nach Situation zwischen den verschiedenen Führungsstilen wechseln bzw. eine Mischform wählen können.

4.4.1 Autoritärer Führungsstil

Nutzt ein Projektleiter zur Führung seines Teams den autoritären Führungsstil, trifft er Entscheidungen selbst und ohne Rückfrage mit seinem Projektteam. Er gibt klare Handlungsanweisungen vor und kontrolliert diese, Kritik wird dabei nicht zugelassen.

Autoritärer Führungsstil

Der autoritäre Führungsstil führt zu schnellen und eindeutigen Entscheidungen, kann allerdings auch mit dem Absinken der Motivation, der Blockade kreativer Denkansätze sowie einer Verschlechterung des Arbeitsklimas im Projektteam einhergehen.

In Projekten findet dieser Führungsstil vorwiegend in Krisensituationen Anwendung – immer dann, wenn schnelle und klare Entscheidungen gefragt sind.

4.4.2 Kooperativer Führungsstil

Beim kooperativen Führungsstil hingegen trifft der Projektleiter Entscheidungen nicht im Alleingang. Die Mitarbeiter werden in den Entscheidungsprozess mit einbezogen, wodurch sich die Akzeptanz der Entscheidungen und auch die Motivation im Projektteam erhöht. Allerdings kann es im Entscheidungsprozess zu langwieri-

Kooperativer Führungsstil

gen Diskussionen kommen, daher verläuft dieser langsamer als beim autoritären Führungsstil.

In Projekten ist dieser Führungsstil in vielen Situationen empfehlenswert, da eine gute Zusammenarbeit im Team eine entscheidende Rolle spielt.

4.4.3 Laissez-faire-Führungsstil

Laissez-faire Führungsstil

Der Laissez-faire-Führungsstil (zu deutsch: „Lassen Sie laufen!") setzt darauf, als Führungsperson nicht in das Geschehen einzugreifen, sondern den Mitarbeitern ein hohes Maß an Freiheiten zu gewähren. Die Verantwortung für die Arbeitsprozesse sowie deren Organisation bleibt hier den Teammitgliedern überlassen.

Viele Mitarbeiter fühlen sich in solchen Situationen allerdings allein gelassen und überfordert. Daher ist die Gefahr groß, dass die Motivation der Mitarbeiter und damit die Leistungsfähigkeit des Teams sinkt. Der Laissez-faire-Führungsstil ist überall dort sinnvoll, wo es auf die freie Entfaltung und die Kreativität der Mitarbeiter ankommt.

In Projekten wird er allerdings meist nicht oder nur in geringem Maße angewendet.

4.5 Teamentwicklung im Projekt

Projektteams entwickeln

Wenn Projektteams zusammengestellt werden, darf nicht davon ausgegangen werden, dass sie sofort einwandfrei zusammenarbeiten und vom Start weg ihre volle Leistung erbringen werden. Vielmehr müssen zunächst immer gewisse **Phasen der Teamentwicklung** durchlaufen werden, ehe das Team leistungsfähig (= Phase 4) sein kann. Der amerikanische Psychologe Bruce Tuckman beschreibt diesen Prozess in seiner **„Team-Uhr"**. Sie unterscheidet die folgenden vier Entwicklungsphasen:

Entwicklungsphasen

Die „Team-Uhr" nach Tuckman

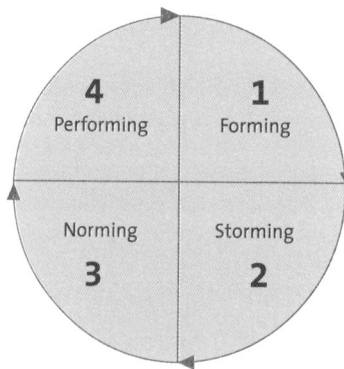

4.5.1 Phase 1 „Forming"

Die „Forming"-Phase stellt die Einstiegsphase in die Teamentwicklung dar. Die Teammitglieder treten hier erstmals miteinander in **Kontakt** und machen sich miteinander bekannt. Diese Phase ist durch eine Unsicherheit der Teammitglieder gekennzeichnet. Es ist noch nicht klar, welche Rolle die einzelnen Personen im Team einnehmen. Hier werden erste Regeln formuliert und durch die Teammitglieder ausgetestet. Gleichzeitig wendet sich die Gruppe langsam dem Arbeitsauftrag zu und versucht, die Anforderungen und Ziele der Aufgabe zu verstehen.

Anforderungen an den Projekt- bzw. Teamleiter:
Das Team orientiert sich stark am Teamleiter. Seine Aufgabe ist es, die Mitglieder miteinander bekannt zu machen sowie erste Regeln und Normen für die Zusammenarbeit zu definieren. Der Abbau der bei den Teammitgliedern bestehenden Unsicherheit kann durch die Definition und das Vorleben dieser Regeln sowie durch einen klaren Arbeitsauftrag unterstützt werden.

4.5.2 Phase 2 „Storming"

In der „Storming"-Phase stehen Reibereien, **Konflikte** und Machtkämpfe zwischen den einzelnen Teammitgliedern auf der Tagesordnung, weil im Team unterschiedliche Ziele oder Prioritäten vorherrschen. Die Konzentration der Teammitglieder liegt hauptsächlich darauf, die eigene Position innerhalb des Teams zu erkämpfen bzw. diese zu behaupten – und nicht darauf, die geforderte Aufgabe zu erfüllen. Die Arbeitsleistung des Teams leidet und fällt in dieser Phase entsprechend gering aus.

Anforderungen an den Projekt- bzw. Teamleiter:
Der Teamleiter ist gefordert, die auftretenden Konflikte schnell zu erkennen und diese zusammen mit den Teammitgliedern zu lösen. Nur wenn den Teammitgliedern die aktuelle Situation bewusst gemacht und damit ein Nachdenken über ihr Verhalten angeregt wird, kann das drohende Steckenbleiben in dieser Phase bzw. der Zerfall des Teams verhindert werden.

4.5.3 Phase 3 „Norming"

In der „Norming"-Phase sind die Konflikte überwunden, und die Teammitglieder akzeptieren sich gegenseitig. Spielregeln und Normen sind erarbeitet und festgelegt. Die Teammitglieder schließen quasi einen **Kontrakt** über das im Team gewünschte Verhalten und halten sich auch daran. Durch die etablierten klaren Strukturen erfolgt eine Fokussierung auf das Ziel, die Leistungsfähigkeit des Teams steigt an.

Anforderungen an den Projekt- bzw. Teamleiter:
Der Teamleiter wird hier mehr und mehr zum Begleiter des Teamprozesses. Er unterstützt das Team beim Finden der Spielregeln und achtet darauf, dass diese auch eingehalten werden. Ab jetzt kann sich der Teamleiter aber auch stärker den gestellten Aufgaben widmen und einzelne Arbeitsaufträge an die jeweiligen Teammitglieder weitergeben.

4.5.4 Phase 4 „Performing"

Die „Performing"-Phase stellt das Ziel des Teamentwicklungsprozesses, die Hochleistungsphase des Teams, dar. Es besteht eine hohe **Kooperation** im Team, jedes Teammitglied widmet sich der Erfüllung der gestellten Aufgaben. Das Team arbeitet effizient und eigenständig zusammen. Es ist in dieser Phase äußerst leistungsfähig.

Anforderungen an den Projekt- bzw. Teamleiter:
Der Teamleiter kann sich nun mehr und mehr aus dem Teamentwicklungsprozess zurückziehen und sich auf die Lösung der gestellten Aufgabe konzentrieren. Er muss nur noch selten eingreifen.

4.5.5 Phase 5 „Adjourning"

Zu einem späteren Zeitpunkt hat Tuckman sein Modell um eine zusätzliche fünfte Phase („Adjourning") erweitert.

Die „Adjourning"-Phase stellt die Phase der **Auflösung des Teams** dar, sie gilt als Ergänzung der Team-Uhr und ist nicht für alle Teams relevant. Allerdings ist diese Phase gerade bei Projektteams, die ja per Definition nur über einen bestimmten Zeitraum zusammenarbeiten, oftmals doch von Bedeutung.

Anforderungen an den Projekt- bzw. Teamleiter:
Der Teamleiter ist dafür zuständig, die Teammitglieder auf das Ende der Zusammenarbeit vorzubereiten, ihnen etwa die Sorge um ihre Position im Unternehmen in der Zeit nach Projektende zu nehmen. Gleichzeitig sollte hier eine Dokumentation stattfinden, um die Ergebnisse der Zusammenarbeit zu sichern und diese auch für nachfolgende Projekte nutzbar zu machen.

4.6 Motivation

Bei der Führung eines Projektteams spielt die Förderung der Motivation der Projektmitarbeiter eine zentrale Rolle – motivierte Mitarbeiter sind die Grundvoraussetzung für eine effiziente Projektarbeit. Bei der Motivation von Menschen kann die **intrinsische Motivation** und die **extrinsische Motivation** unterschieden werden. Während bei der intrinsischen Motivation der Antrieb aus dem Menschen selbst heraus kommt, erfolgt bei der extrinsischen Motivation der Leistungsanreiz von außen.

Beispiel:

Für die Übernahme der Projektleiterposition stehen zwei Mitarbeiter zur Wahl. Während der eine Kandidat Spaß daran hat, Führungsaufgaben zu übernehmen (= intrinsische Motivation), muss dem anderen ein höheres Gehalt in Aussicht gestellt werden, um ihm die Aufgabe schmackhaft zu machen (= extrinsische Motivation).

Der amerikanische Psychologe Abraham Maslow hat bereits im Jahr 1954 seine Bedürfnishierarchie – besser bekannt als **Maslow'sche Bedürfnispyramide** – entwickelt. Er beschreibt darin den hierarchischen Aufbau der Bedürfnisse und die Motivationen von Menschen. Dabei muss jeweils die untere Bedürfnisstufe erfüllt sein, um die nächsthöhere Stufe zu erreichen.

Bedürfnispyramide nach A. Maslow

Bedürfnispyramide nach Maslow

Pyramide von unten nach oben:
- **Grundbedürfnisse** – Essen, Trinken, Schlafen
- **Sicherheitsbedürfnisse** – materielle und berufliche Sicherheit (Wohnen, Arbeit)
- **Soziale Bedürfnisse** – Freundschaft, Liebe, Gruppenzugehörigkeit
- **Ich-Bedürfnisse** – Anerkennung/Geltung
- **Selbstverwirklichung**

Die unteren drei Stufen bilden die *Defizitbedürfnisse*, die oberen zwei die *Wachstumsbedürfnisse*.

Ein Projektleiter kann die Einteilung der Bedürfnisse nach Maslow dazu nutzen, seine Projektmitarbeiter ihren Bedürfnissen entsprechend zu motivieren – je nachdem, auf welcher Stufe sie gerade stehen.

> **Beispiel:**
>
> Während die Motivation des einen Mitarbeiters durch die Zusicherung der Übernahme in ein dauerhaftes Arbeitsverhältnis nach Projektende (= Stufe „Sicherheitsbedürfnisse") gefördert werden kann, kann bei einem anderen Mitarbeiter eher die intensive Einbindung in das Projektteam (= Stufe „Soziale Bedürfnisse") zu einem hohen Leistungswillen führen.

4.7 Relevanz von Projektmeetings

Die regelmäßige Kommunikation innerhalb des Projektteams sowie zwischen Projektleitung und Projektmitarbeitern ist ein wesentlicher Erfolgsfaktor für gute Teamarbeit und damit auch für die Erfolgswahrscheinlichkeit von Projekten. Neben vielen weiteren Kommunikationskanälen (persönliches Gespräch, Telefon,

Projektmeetings

E-Mail usw.) haben sich Projektmeetings als zentrale Form der Kommunikation in Projekten herausgebildet.

4.7.1 Kick-off-Meeting

Kick-off-Meeting

Am Anfang eines Projektes wird die Basis für einen erfolgreichen Projektverlauf gelegt. Viele Projekte scheitern aber bereits zu Beginn, da der Projektstart schlecht gestaltet wird. Die Mitglieder eines Projektteams kennen sich zu diesem Zeitpunkt oftmals nicht (gut), sie wissen nur wenig über ihre zukünftigen Rollen im Projekt und haben kaum Informationen, etwa über Projektziele, Projekttermine oder Kommunikationskanäle im Projekt.

Um diese Situation zu verbessern, sollte zum Projektstart ein **Kick-off-Meeting** durchgeführt werden, bei dem die Teammitglieder den ersten **persönlichen Kontakt herstellen** können und der Projektleiter die Möglichkeit hat, **wichtige Informationen über das Projekt weiterzugeben.**

Die Ausgestaltung von Kick-off-Meetings kann dabei von Projekt zu Projekt deutlich variieren. Bei lang andauernden Projekten können Kick-off-Meetings mehrere Tage dauern und etwa mit Teambuilding-Maßnahmen kombiniert werden. Bei kleineren Projekten wird der „Startschuss" eher im Rahmen einer klassischen Sitzung ablaufen.

Ziele

Die Ziele eines Kick-off-Meetings sind:

> Die Projektmitarbeiter, die im Projekt in einem Team zusammenarbeiten, eine hohe Leistung erbringen und auch schwierige Phasen gemeinsam meistern sollen, bekommen die Möglichkeit, sich gegenseitig und auch ihre Funktion bzw. Rolle im Projektteam kennenzulernen.
> Der Projektleiter erhält die Möglichkeit, alle Mitglieder des Projektteams auf einen einheitlichen Kenntnisstand zu bringen. Dafür ist es notwendig, die Projektmitarbeiter über die Hintergründe des Projektes, die Projektziele, die Projektorganisation und den groben Projektablauf zu informieren. Gleichzeitig erhalten die Mitarbeiter Gelegenheit, inhaltliche und organisatorische Fragen zu stellen und hierauf Antworten zu bekommen.
> Es können gemeinsame Ziele für das Projekt(team) definiert werden.
> Es können Projekt-„Spielregeln" (z. B. Umgangsformen, Informationskonzept etc.) vereinbart werden, um die Zusammenarbeit von Anfang an möglichst positiv zu gestalten.
> Durch die Absprache und Weiterentwicklung einer (zumindest groben) Projektplanung ist schon sehr früh ein zielgerichtetes Arbeiten im Projektteam möglich.

4.7.2 Regelmäßige Projektsitzungen

Projektsitzungen

Für die optimale Durchführung eines Projektes reicht ein Kick-off-Meeting alleine selbstverständlich nicht aus. Vielmehr sollten über den gesamten Projektverlauf regelmäßige Projektsitzungen abgehalten werden, um sich gegenseitig über den aktuellen Projektstand, aufgetretene Probleme und Hindernisse in einzelnen Projektabschnitten sowie deren Lösung auszutauschen. Auch Konflikte im Projekt können in solchen regelmäßigen Treffen aufgedeckt, angesprochen und gelöst werden.

Wie der Begriff „regelmäßig" definiert wird, muss je nach Projekt entschieden werden – so kann ein monatlicher Turnus für Projektsitzungen in einem Projekt völlig ausreichend sein, während in einem anderen Projekt wöchentliche oder gar tägliche Meetings notwendig sind. Bei dieser Entscheidung sind die Erfahrung und das Gespür des Projektleiters gefragt.

Zum Abschluss eines Projektes sollte eine Projektabschlussbesprechung durchgeführt werden, die einen Rückblick auf das Projekt zulässt und die Mitarbeiter aus dem Projekt „entlässt". Die genauen Inhalte dieser Besprechung werden in Abschnitt 5.1.2 „Abschlussworkshop" beschrieben.

4.7.3 Organisation und Moderation von Besprechungen

Die Organisation und Moderation des Kick-off-Meetings sowie der weiteren Besprechungen in einem Projekt liegt in der Verantwortung der Projektleitung. Vielfach werden Besprechungen von den Beteiligten als nicht sinnvoll erachtet, sondern eher als „verschenkte Arbeitszeit" gesehen. Dies liegt in der Regel an organisatorischen Mängeln und/oder fehlenden Fähigkeiten und Kenntnissen beim Moderator der Besprechung (also in diesem Fall beim Projektleiter).

Besprechungen organisieren und moderieren

Organisatorische Grundlagen für Besprechungen:

> klare Fixierung des Ablaufs der Besprechung (z. B. Tagesordnung, Zeitvorgaben ...)
> Verständigung auf klare Regeln und Einhaltung bzw. Kontrolle dieser Regeln (z. B. pünktliches Erscheinen, kein Handyklingeln während der Besprechung, Einhaltung von Redezeiten ...)
> konsequente Abarbeitung der Themen mit anschließender Entscheidungsfindung.

Notwendige Fähigkeiten und Kenntnisse für die Leitung einer Besprechung:

> Akzeptanz beim Team (durch Fach- und Methodenkompetenz)
> zwischenmenschliches Geschick
> Einfühlungsvermögen
> rhetorische Fähigkeiten
> ...

Gegebenenfalls kann es durchaus sinnvoll sein, für das Kick-off-Meeting (oder auch für andere Besprechungen in Projekten) auf einen externen Moderator zurückzugreifen. Gerade wenn eine intensive, kontroverse und emotionale Diskussion erwartet wird, kann durch einen **externen Moderator** der Projektleiter unterstützt und „aus der Schusslinie" genommen werden.

Wiederholungsfragen

1. Im Sender-Empfänger-Modell kann die Übertragung einer Nachricht gestört werden.

   Aufgabe: Nennen Sie drei Möglichkeiten, warum eine Nachricht nicht störungsfrei übertragen werden kann!

   >> Seiten 91 bis 92 |

2. Paul Watzlawick hat fünf Grundsätze formuliert, die für jeden Kommunikationsprozess Gültigkeit besitzen. Einer dieser Grundsätze lautet „Man kann nicht nicht kommunizieren!"

   Aufgaben:

   a) Was ist mit diesem Grundsatz gemeint?

   b) In welcher Beziehung steht das Eisbergmodell zu diesem Grundsatz?

   >> Seiten 92 bis 94 |

3. Das Vier-Ohren-Modell beschreibt die vier Seiten einer Nachricht. Welche Seite gehört nicht dazu? (eine richtige Antwort)

   ☐ a Sachebene
   ☐ b Appellseite
   ☐ c Selbstkundgabe
   ☐ d Eigenverantwortung
   ☐ e Beziehungsseite.

   >> Seite 95 |

4. Vor allem bei kritischen Gesprächen sollten Ich-Botschaften eingesetzt und dafür auf Du-Botschaften verzichtet werden.

   Aufgaben:

   a) Welche Nachteile bringen Du-Botschaften mit sich?

   b) Aus welchen Komponenten besteht eine vollständige Ich-Botschaft?

   c) Sie wollen einen Projektmitarbeiter darauf hinweisen, dass er wiederholt Termine vergessen hat. Formulieren Sie diese Aussage mittels einer vollständigen Ich-Botschaft.

   >> Seiten 96 bis 97 |

Wiederholungsfragen

5. Bei der Zusammenarbeit in einem (Projekt-)Team lassen sich Konflikte nicht immer vermeiden.

   Aufgaben:

   a) Nennen Sie fünf Beispiele, wie Konflikte entstehen können!

   b) Nennen Sie fünf Beispiele, wie sich Konflikte äußern können!

   >> Seite 99 |

6. Im Eskalationsmodell nach Glasl werden drei Ebenen der Konflikteskalation unterschieden.

   Aufgabe: Welche grundlegenden Unterschiede für die beiden Konfliktparteien bestehen zwischen diesen drei Ebenen?

   >> Seiten 99 bis 100 |

7. Zur Lösung von Konflikten bietet sich das Harvard-Konzept an. Diesem Ansatz liegen vier Grundregeln zugrunde. Welche gehören dazu? (zwei richtige Antworten)

   - [ ] a Verbinden von Menschen und Problemen
   - [ ] b Verhandeln von Positionen statt Interessen
   - [ ] c Trennen von Menschen und Problemen
   - [ ] d Entwickeln von Entscheidungsalternativen
   - [ ] e Festlegen subjektiver Entscheidungskriterien.

   >> Seiten 101 bis 102 |

8. Bei der Führung von Mitarbeitern wird zwischen drei Führungsstilen (nach Lewin) unterschieden.

   Aufgaben:

   a) Welcher Führungsstil bietet sich an, wenn schnelle Entscheidungen getroffen werden müssen?

   b) Welche Nachteile hat dieser Führungsstil?

   >> Seiten 103 bis 104 |

9. Die Team-Uhr nach Tuckman beschreibt die vier Phasen in der Teamentwicklung. Welche sind das? (vier richtige Antworten)

   - [ ] a Forming
   - [ ] b Storming
   - [ ] c Reforming
   - [ ] d Norming
   - [ ] e Performing.

   >> Seiten 104 bis 106 |

4. Projektteam zusammenstellen und führen

10. Zu Beginn eines Projektes sollte ein Kick-off-Meeting durchgeführt werden.

    Aufgaben:

    a) Wer nimmt an einem Kick-off-Meeting teil?

    b) Welche Gründe sprechen dafür, ein Kick-off-Meeting durchzuführen?

    >> Seite 108 |

11. Viele Projektmitarbeiter empfinden Besprechungen als „verschenkte Arbeitszeit".

    Aufgaben:

    a) Welche Gründe können dazu führen, dass dies so empfunden wird?

    b) Wie kann dies verhindert werden?

    >> Seite 109 |

5. Projekt abschließen

Kompetenzen

> Dokumentation und Abschlussbericht erstellen.
> Projektergebnisse präsentieren.
> Projektverlauf und Ergebnisse im Hinblick auf Erfahrungen für zukünftige Projekte reflektieren.

5.1 Projektabschluss

Bei den charakteristischen Merkmalen eines Projektes wird als ein wichtiger Punkt die zeitliche Befristung mit einem klar definierten Anfang und einem klar vorgegebenen Ende genannt. Ein Projekt kann somit nicht einfach dauerhaft weiterlaufen oder sollte auch nicht „versanden", ohne dass das Projektende richtig wahrgenommen wird. Nein, ein Projekt wird immer offiziell abgeschlossen.

Projektabschluss

> Die DIN 69901 definiert den Begriff „Abschlussphase" als „Gesamtheit der Tätigkeiten und Prozesse zur formalen Beendigung eines Projekts".

Für einen systematisch durchgeführten Projektabschluss müssen daher diverse Punkte abgearbeitet werden, um allen Projektbeteiligten das Projektende zu signalisieren, die Erfahrungen aus der im Projekt geleisteten Arbeit zu dokumentieren und diese auch für die Zukunft nutzbar zu machen.

5.1.1 Abschlussbericht

Im Projektabschlussbericht wird das Projektergebnis festgehalten. Für den **Abschlussbericht** sind zwei Varianten denkbar, die für verschiedene Zielgruppen bestimmt sind. Diese beiden Abschlussberichte können (und sollten zumeist) auch beide erstellt werden.

Abschlussbericht

Entsteht als Ergebnis des Projektes ein Produkt, das direkt nach dem Projekt benutzt werden soll (z. B. eine neue Maschine, eine neue Software ...), hat die erste Variante eine hohe Bedeutung. Diese Form des Projektabschlussberichtes spricht die **Zielgruppe der Benutzer** des im Projekt erstellten Produktes an – es handelt sich hier z. B. um ein Benutzerhandbuch, eine Arbeitsanweisung oder eine Bedienungsanleitung. Je nach Adressat dieses Berichtes muss darauf geachtet werden, inwieweit bei der Erstellung Fachsprache verwendet werden kann. Sind etwa interne Fachabteilungen als Kunden bzw. Nutzer des Projektergebnisses vorgesehen, ist Fachsprache eher möglich, als wenn Privatpersonen außerhalb des Betriebs Zielgruppe des Abschlussberichtes sind.

Bei der zweiten Variante wird dagegen die interne **Zielgruppe der Experten** angesprochen. Hierbei handelt es sich daher auch nicht um eine Bedienungsanleitung für das Projektergebnis, sondern vielmehr um eine Dokumentation des Projektverlaufs. Eine Darstellung der im Projekt verwendeten Verfahren, Techniken, Materialien usw. ist hier ebenso enthalten wie die Beschreibung der im Projekt aufgetretenen Probleme, Hindernisse und Planabweichungen. Die Dokumentation der gewählten Lösungsansätze und -wege sowie Handlungsempfehlungen für zukünftige Projekte komplettieren die Dokumentation.

Mit diesem Abschlussbericht soll das Projekt für Experten nachvollziehbar dargestellt und für die Zukunft festgehalten werden. Egal, ob diese Informationen später, z. B. für die Wartung des Projektergebnisses, von Bedeutung sind oder für Folgeprojekte genutzt werden sollen, die Dokumentation des Projektverlaufes liefert stets eine Vielzahl an wichtigen Informationen.

5.1.2   Abschlussworkshop

Abschlussworkshop

Der **Projektabschlussworkshop** stellt das Gegenstück zum Kick-off-Meeting dar.
Je nach Projektverlauf kann der Abschlussworkshop vor oder nach der Übergabe bzw. Abnahme des Projektergebnisses durch den Auftraggeber angesetzt werden. Im Projektabschlussworkshop werden die letzten Arbeiten im Projekt besprochen und verteilt. Es geht hier darum, die Zusammenarbeit im Projektteam zu bewerten, die Übergabe an den Auftraggeber vor- bzw. nachzubereiten, die Projektdokumentation abzuschließen und den Projektabschlussbericht freizugeben.
Im Projektabschlussworkshop gilt es außerdem, den beteiligten Mitarbeitern für ihren Einsatz im Projekt zu danken und eventuelle (im Kick-off-Meeting oder im Projektverlauf getätigte motivationsfördernde) Versprechungen einzulösen. Oft bietet sich auch die Organisation eines gemeinsamen Abschlussevents (z. B. Abendessen, Abschlussfeier, Ausflug o. Ä.) an, um das Projekt offiziell (und feierlich) zu beenden.

Da gerade (aber natürlich nicht nur) in kleineren Betrieben die Projektmitarbeiter des einen Projektes meist auch die Projektmitarbeiter des nächsten Projektes sind, kann so direkt wieder ein Motivationsschub für künftige Projekte erzeugt werden. Der Dank und die Belohnung der Projektmitarbeiter fällt immer dann leicht, wenn ein Projekt erfolgreich verlaufen ist. Aber auch in Projekten, die letztendlich – aus welchen Gründen auch immer – gescheitert sind, waren eventuell viele engagierte Mitarbeiter tätig, die eine Würdigung ihrer Arbeitsleistung verdient haben.

Letztendlich geht es beim Abschlussworkshop auch darum, das Projekt ordentlich zu beenden, also sowohl den Projektleiter als auch die Projektmitarbeiter offiziell aus ihrer Verantwortung zu entlassen sowie deren weiteren Einsatz nach dem Projekt zu besprechen und zu fixieren.

5.2   Abnahme und Projektkontrolle

5.2.1   Projektabnahme

Projektabnahme

Häufig wird die **Abnahme** mit dem Abschluss des Projektes gleichgesetzt, allerdings ist sie nur ein, wenn auch wichtiger, Teil der Abschlussphase. Im Rahmen der Abnahme geht es darum, die im Projekt erarbeiteten Ergebnisse aus dem Verantwortungsbereich des Projektleiters an den Auftraggeber oder an die Linienorganisation zu übertragen. Die Abnahme seitens des Auftraggebers gilt als Bestätigung an den Auftragnehmer, dass dieser die Projektziele wie vereinbart erarbeitet und damit seinen Projektauftrag erfüllt hat. Die Abnahme wird von der Projektleitung veranlasst, sobald die als Projektziel vereinbarte Leistung erbracht worden ist. In welcher Form die Abnahme verläuft, hängt von der Größe und Art des Projektes ab. Dem Auftraggeber kann das Projektergebnis entweder direkt vorgelegt oder präsentiert werden.

Beispiel:

> Beim Organisationsprojekt „Entwicklung einer neuen Organisationsstruktur" wird die Abnahme als abschließende Präsentation der Projektergebnisse (Darstellung des Organigramms, Empfehlungen für die Umsetzung ...) gestaltet, wohingegen in Bauprojekten die Abnahme in der Regel in Form einer Begehung der Baustelle und einer Begutachtung der geleisteten Arbeiten durchgeführt wird.

Unabhängig von der Art des Projektes oder auch der Branche stellt die Abnahme einen zentralen Meilenstein im Projekt dar, da bei der Abnahme über das Erreichen des Projektziels – und damit über den Erfolg des Projektes – entschieden wird. *Abnahme ist zentraler Meilenstein*

Aus rechtlicher Sicht hat der Projektleiter (als Auftragnehmer) ein Recht auf die Abnahme durch den Auftraggeber, wenn die Projektleistungen entsprechend der getroffenen Vereinbarung erfüllt worden sind, um das Projekt zu einem Ende bringen zu können.

Das Recht auf Abnahme kann aus diversen Gründen von großer Bedeutung sein, da eine Abnahme rechtliche Folgen mit sich bringt.

Mit der Abnahme

> geht das Projektergebnis (Produkt) in das Eigentum des Auftraggebers über,
> erfolgt der Gefahren- und Haftungsübergang auf den Auftraggeber,
> beginnt die Gewährleistungsfrist für das Projektergebnis/Produkt zu laufen,
> geht die Beweislast für Mängel auf den Auftraggeber über,
> werden für den Zeitpunkt der Fertigstellung vereinbarte Zahlungen fällig.

5.2.2 Projektkontrolle

Mit der Abnahme durch den Auftraggeber wird das Projektergebnis also von externer Seite aus legitimiert. Gleichzeitig geht es aber auch darum, den Projektverlauf aus einer internen Sicht heraus zu begutachten, um Fehlerquellen oder Organisationsmängel aufzudecken und auszumerzen. *Projektkontrolle*

Hier bietet es sich an, die folgenden Punkte zu durchdenken. Eventuell müssen auch noch weitere, projektabhängige Faktoren mit hinzugenommen werden. Zeigen sich hier Probleme, sollten die Ursachen erforscht, dokumentiert und für die Zukunft abgestellt werden:

> Wurden die Projektziele hinsichtlich Qualität, Termine und Kosten erreicht?
> Welche Probleme sind im Projektverlauf aufgetreten?
> Welche positiven „Überraschungen" sind im Projektverlauf aufgetreten?
> Wie hat sich die Zusammenarbeit im Projektteam gestaltet?
> Welche Konflikte sind im Projektteam aufgetreten?
> Wie hat die Zusammenarbeit zwischen Projektleiter und Projektteam funktioniert?

> Wie gut wurde das vereinbarte Informationskonzept umgesetzt?
> Welche Stakeholdergruppen haben das Projekt beeinflusst?
> Wie intensiv war die Unterstützung durch die Betriebsleitung?

Wenn das Projektteam (zusammen mit dem Projektleiter) diese Fragen im Abschlussworkshop reflektiert hat und aus den Antworten die richtigen Schlüsse gezogen werden, wird sich für die folgenden Projekte sicher die Chance einer deutlichen Verbesserung ergeben.

5.3 Projektdokumentation

Projektdokumentation

An anderer Stelle wurden bereits die Notwendigkeit sowie die Vorteile einer **Projektdokumentation** herausgestellt. Besonders in den Abschnitten 3.2.2 „Dokumentation und Berichterstattung" und 5.1.1 „Abschlussbericht" wurde die Dokumentation als entscheidender Faktor für eine erfolgreiche Projektarbeit und ein Projektlernen dargestellt.

Einerseits wird die Projektdokumentation als projektbegleitende Aufgabe charakterisiert, in der der Projektverlauf schriftlich festgehalten wird. Dazu gehören Arbeitsberichte und die Projektberichterstattung der Arbeitspaketverantwortlichen an die Projektleitung genauso wie die Fortschreibung der verschiedenen Projektpläne – egal ob Struktur-, Termin- oder Kostenpläne. Hier liefert die Projektdokumentation während des Projektes wichtige Informationen, etwa zu Abweichungen von der Planung oder zu den im Projekt aufgetretenen Situationen und den daraus resultierenden Entscheidungen durch die Projektmitarbeiter oder die Projektleitung.

Andererseits spielt die Projektdokumentation gerade zum Abschluss eines Projektes eine entscheidende Rolle. Die laufende Projektdokumentation muss hier zu einem Projektabschlussbericht zusammengefasst werden, um ein Projektresümee ziehen und die gesammelten Informationen für zukünftige Projekte nutzen zu können. Auch hier gilt es, im Rückblick nicht nur die erfolgreichen Faktoren oder die Projektbereiche, die „gut gelaufen" sind, zu dokumentieren. Vielmehr sind zumeist gerade die Projektaufgaben interessant, bei denen Hindernisse aufgetreten sind bzw. die Probleme bereitet haben. Auch wenn eigene Fehler oftmals nicht gerne schriftlich fixiert werden, kann gerade die Dokumentation in diesen Bereichen einen wichtigen Beitrag leisten, damit sich solche Fehler oder problematische Situationen in Zukunft nicht wiederholen.

Fragestellungen der Dokumentation

Egal, ob es sich um eine laufende Projektdokumentation handelt oder ob die Dokumentation zum Projektabschluss betrachtet wird, gibt es einige grundsätzliche Fragestellungen, die dabei beachtet werden sollten.

Diese Grundsätze müssen allen Personen, die bei der Projektdokumentation mitarbeiten, bekannt sein und von ihnen auch befolgt werden. In Anlehnung an die Beschreibung des im Projekt gewünschten Kommunikationsverhaltens in einem Informationskonzept (vgl. Abschnitt 4.1.6 „Kommunikationsformen in Projekten") kann man hier von einem **Dokumentationskonzept** sprechen, das die für eine Projektdokumentation wichtigen Faktoren bestimmt:

Faktor	Fragestellungen
Inhalt der Dokumentation	Was soll dokumentiert werden?
Zeitpunkt der Dokumentation	Wann muss die Dokumentation erfolgen?
Art und Weise der Dokumentation	Welche Hilfsmittel (z. B. Vorlagen, Formulare, Software ...) stehen für die Dokumentation zur Verfügung und können bzw. müssen genutzt werden?
Ort der Dokumentation	Wo werden die Dokumentationsunterlagen abgelegt, um einen schnellen Zugriff darauf zu gewährleisten?
Aufbewahrungsdauer der Dokumentation	Wie lange sollen/müssen/dürfen Projektdokumentationen aufbewahrt werden? Sind gesetzliche Vorschriften zu beachten?
Sicherheit der Dokumentation	Wer (Projektleiter, Projektmitarbeiter, Mitarbeiter aus anderen Abteilungen ...) soll auf die Dokumentation zugreifen (und so auch vertrauliche Daten einsehen) können?

Für die Projektdokumentation bestehen keine vordefinierten Regelungen. Die Entscheidungen sind von der Projektleitung in Zusammenarbeit mit der Unternehmensleitung (und eventuell dem Auftraggeber) zu treffen. Da jedes Projekt andere Voraussetzungen besitzt, kann hier auch keine Faustregel vorgegeben werden. Sicherlich ist aber das Sprichwort „Wer schreibt, der bleibt!" nicht gänzlich von der Hand zu weisen, denn die Vorteile einer gepflegten und lückenlosen Projektdokumentation sowohl für das aktuelle als auch für zukünftige Projekte wurden an diversen Stellen dargestellt.

5.4 Projektpräsentation

Schon während des Projektverlaufs ist es wahrscheinlich, dass der Auftraggeber oder die Unternehmensleitung, aber auch weitere Personengruppen Informationen über den (Zwischen-)Stand des Projektes einfordern. Dieser Impuls kann selbstverständlich auch von der Projektseite kommen, etwa um **gezieltes Projektmarketing** zu betreiben. Spätestens am Projektende gilt es jedoch fast immer, die im Projekt erarbeiteten **Ergebnisse zu präsentieren.**

Projekt präsentieren

Die Fähigkeit, eine Präsentation so aufzubauen und zu gestalten, dass die Inhalte wie gewünscht bei den Zuhörern ankommen, ist kein reines Projektmanagementthema, da es auch in anderen (beruflichen und privaten) Situationen von entscheidender Bedeutung sein kann. Trotzdem sollen an dieser Stelle einige wichtige Punkte bezüglich der Vorbereitung, des Aufbaus und der Durchführung einer Präsentation zumindest kurz angesprochen werden, da es für Projektleiter wie auch für Projektmitarbeiter sehr hilfreich ist, Informationen optimal präsentieren zu können.

5. Projekt abschließen

Präsentationsvorbereitung

Vorbereitung einer Präsentation:

> Präsentationsrahmen
– In welchen Räumlichkeiten wird die Präsentation stattfinden?
– Welche technischen Mittel (Laptop, Beamer, Flipchart …) sollen verwendet werden?
– Sind diese technischen Mittel im Präsentationsraum vorhanden?
– Welche Technikprobleme sind denkbar (z. B. durch verschiedene Power-Point-Versionen)?

> Zielgruppe
– Wie viele Zuhörer werden erwartet?
– Welche Informationen erwartet die Zielgruppe?
– Welche Vorinformationen besitzt die Zielgruppe?
– Welche (Fach-)Sprache kann für diese Zielgruppe verwendet werden?

> Präsentationszweck
– Welche Inhalte sollen den Zuhörern vermittelt werden?
– Welche Zielsetzung soll mit der Präsentation verfolgt werden?

Aufbau einer Präsentation

Aufbau einer Präsentation:

> Einleitung
– Welcher Präsentationseinstieg soll gewählt werden (passendes Zitat, kleine Anekdote, sachlicher Einstieg …)?
– Müssen Personen speziell begrüßt oder vorgestellt werden (Bürgermeister, Vorstand …)?
– Inwieweit muss das Thema eingegrenzt werden?

> Hauptteil
– Was sind die Hauptpunkte der Präsentation?
– Welche zusätzlichen Informationen können hilfreich sein (z. B. zur Antwort auf Nachfragen)?

> Schlussteil
– Wie kann der Spannungsbogen geschlossen werden (z. B. erneutes Aufgreifen des gewählten Präsentationseinstiegs)?
– Welche Reaktion soll bei den Zuhörern veranlasst werden?
– Mit welchen Rückfragen muss gerechnet werden?

Durchführung einer Präsentation

Durchführung einer Präsentation:

> auf den vereinbarten zeitlichen Rahmen achten
> Kontakt zu den Zuhörern aufbauen
> Rückfragen zulassen, auf Rückfragen vorbereitet sein
> Kritik annehmen, nicht ausfallend werden.

5.5 Projektlernen

Während der Projektabschlussphase wird der Grundstein für das Projektlernen gelegt. Durch die Projektkontrolle und die Evaluation der eingesetzten Methoden und Techniken liegen sachliche und methodische Informationen sowie Kenntnisse über die Art und Weise der Zusammenarbeit in dokumentierter Form vor. Durch **die systematische Sammlung und Aufbereitung dieser Informationen** können die gewonnenen Erfahrungen für neue Projekte aufbereitet und eingesetzt werden.

5.5 Projektlernen

Gerade wenn das Projektgeschäft in einem Betrieb etabliert werden soll, lassen sich so von Projekt zu Projekt Verbesserungen erreichen.

Für die Sicherung der Erkenntnisse und eine einfache Handhabung dieses Wissens in der Zukunft bieten sich vorwiegend die folgenden Formen an:

> - Erstellung eines **Projektmanagementhandbuchs** (= Leitfaden, in dem alle relevanten Informationen gesammelt werden)
> - **„Werkzeugkasten" für Projektmanagement-Methoden**
> - Erstellung von **Checklisten** (speziell für verschiedene Bereiche der Projektbearbeitung).

Gibt es in einem Betrieb ein Qualitätsmanagement-System, sollte darüber nachgedacht werden, die Projektbearbeitung in dieses System zu integrieren. Aber auch ohne Qualitätsmanagement-System lassen sich in Projekten eingesetzte Methoden durch vorgefertigte Vorlagen und Formulare schnell auf neue Projekte übertragen. Durch diese Standardisierung kann zum einen Zeit gespart und zum anderen können Fehler vermieden werden.

Egal, welche Form der Projektdokumentation bzw. des Projektlernens in einem Betrieb gewählt und etabliert wird – auch wenn Projekte per Definition immer einmalig und neuartig sind, so sollte ein Projektleiter mit seinem Projektteam nicht bei jedem Projekt wieder „bei null" starten, sondern von den Erfahrungen und Erkenntnissen früherer Projekte profitieren.

5. Projekt abschließen

Wiederholungsfragen

1. Für die Erstellung eines Abschlussberichtes gibt es zwei mögliche Adressaten.

    Aufgaben:

    a) Welche Adressaten sind das?

    b) Welche inhaltlichen und sprachlichen Unterschiede müssen jeweils beachtet werden?

    >> Seiten 113 bis 114 |

2. Der Projektabschlussworkshop stellt das Gegenstück zum Kick-off-Meeting dar.

    Aufgabe: Welche Inhalte werden in einem Abschlussworkshop besprochen bzw. fixiert?

    >> Seite 114 |

3. Die Projektabnahme ist ein wichtiger Baustein für den Abschluss von Projekten.

    Aufgabe: Nennen Sie drei rechtlichen Folgen, die aus der Projektabnahme resultieren können!

    >> Seiten 114 bis 115 |

4. Zum Abschluss eines Projektes sollte nicht nur eine Projektabnahme erfolgen, sondern das Projekt auch aus einer internen Sicht begutachtet werden.

    Aufgabe: Nennen Sie fünf Fragen, die dabei im Projektteam erörtert werden sollten!

    >> Seiten 115 bis 116 |

5. Die Projektdokumentation ist ein wichtiger Bestandteil, um aus Projekten lernen zu können. In einem Dokumentationskonzept werden die für die Dokumentation wichtigen Faktoren bestimmt.

    Aufgabe: Nennen Sie drei Faktoren, die in ein Dokumentationskonzept aufgenommen werden müssen!

    >> Seiten 116 bis 117 |

Lösungen zu den Wiederholungsfragen

1. Projekt initiieren und definieren

1. a) c) d)	2. –	3. a) c) e)	4. –
5. –	6. b) e)		

2. Projekt planen

1. –	2. a) b) d)	3. –	4. c) e)
5. –	6. –	7. –	8. a) c) d) e)
9. b) e)	10. d)	11. –	12. –
13. –	14. –	15. –	

3. Projektdurchführung überwachen und steuern

1. –	2. –	3. –	4. a) c) d)
5. a) d) e)	6. –		

4. Projektteam zusammenstellen und führen

1. –	2. –	3. d)	4. –
5. –	6. –	7. c) d)	8. –
9. a) b) d) e)	10. –	11. –	

5. Projektteam abschließen

1. –	2. –	3. –	4. –
5. –			

Stichwortverzeichnis

Symbole
6-3-5-Methode 21

A
ABC-Analyse 62
Ablauf- und Terminplanung 45
Abschlussbericht 113
Abschlussworkshop 114
Aktives Zuhören 96
Anfangsfolge (Anfang-Anfang-Beziehung) 53
Anordnungsbeziehungen 53, 66
Ansicht „Gantt-Diagramm" 64
Ansicht „Netzplandiagramm" 69
Ansicht „Ressource: Tabelle" 67
Arbeitsfortschritts-Vergleichsdiagramm 83
Arbeitspakete 41
Arbeitspaketverantwortlicher 42
Aufbau einer Präsentation 118
Auftraggeber 17
Auswirkungen von Konflikten 99

B
Balken-/Gantt-Diagramm 54
Basiskalender „Standard" 69
Basispläne 83
Begrenzungen 16
Beziehungsebene 93
Brainstorming 21
Brainwriting 21

C
Chancen von Konflikten 101
Checklisten 119
Codierung 42

D
Detailziele 33
DIN 69901 .... 12, 24, 38, 57, 113
Dokumentationskonzept 116
Dokumentation zum Projektabschluss 116
Durchführung einer Präsentation 118

E
Einmaligkeit 15
Einsatzmittel 57
Einsatzmittelliste 57
Einsatzmittelplanung 56
Eisbergmodell 93
Endfolge (Ende-Ende-Beziehung) 54

Ergebnis, innovatives ... 16
Eventualmaßnahmen ... 63
Expertenwissen ... 14
Externe Projektrisiken ... 61

F
Fachkompetenz ... 19
Fertigstellungsgrad ... 80
Forming ... 105
Forschungs- und Entwicklungsprojekte ... 17
Fragetechniken ... 96
Frühester Anfangszeitpunkt (= FAZ) ... 49
Frühester Endzeitpunkt (= FEZ) ... 49
Führungsstil, autoritärer ... 103
Führungsstile ... 103
Führungsstil, kooperativer ... 103

G
Gemischte Gliederung ... 44
Gesamtdauer des Projektes ... 50
Gliederung nach Funktionen/Verrichtungen ... 44
Gliederung nach Objekten ... 44
Gliederung nach Projektphasen ... 43
Gliederungsprinzipien ... 43
Grobziele ... 33
Grundlagen für Qualität ... 87

H
Harvard-Konzept ... 101

I
Ich-/Du-Botschaften ... 96
Idee, reaktive ... 20
Indifferente Ziele ... 36
Informationskonzept ... 98
Interdisziplinarität ... 12
Interne Projektrisiken ... 61
Investitionsprojekten ... 17
Ist-Korrekturen ... 86

K
Kick-off-Meeting ... 108
Knoten ... 48
Kommunikation nach Watzlawick ... 92
Kommunikation, nonverbale ... 92
Kommunikationsformen in Projekten ... 97
Kommunikationsquadrat ... 94
Komplementäre Ziele ... 36
Komplexität ... 11, 16
Konfliktäre Ziele ... 36
Konfliktarten ... 98
Konflikteskalation ... 99

Stichwortverzeichnis

Konfliktgespräche 102
Konfliktlösung 101
Konfliktmanagement 98
Kostenganglinie 61
Kostenplanung 60
Kostensituation 81
Kostensummenlinie 61
Kosten- und Finanzplanung 60
Kosten-Vergleichsdiagramm 84
Kostenvergleichstabelle 85
Kreativitätstechniken 20
Kritischer Weg 51

L
Laissez-faire-Führungsstil 104
Lastenheft 24
Laufende Projektdokumentation 116
Lenkungsgremium 19
Liquiditätsplan 61

M
Magisches Dreieck im Projektmanagement 34
Maslow'sche Bedürfnispyramide 107
Matrix-Projektorganisation 29
Meilensteine 40, 65
Methodenkompetenz 13
Microsoft Project 54, 64
Morphologischer Kasten 21
Motivation 106
Motivation, extrinsische 106
Motivation, intrinsische 106

N
Normalfolge (Ende-Anfang-Beziehung) 53
Norming 105

O
Organisation, projektspezifische 16
Organisationsprojekte 17

P
Personal 57
Pfeile 49
Pflichtenheft 24
Phasenplan 38
Phasenplanung 39
Präsentationsvorbereitung 118
Präventivmaßnahmen 63
Projekt 15
Projektabnahme 114
Projektabschluss 113
Projektantrag 22

Projektauftrag 23
Projektberichterstattung 88
Projektbeteiligte 17
Projektcontroller 18
Projektdokumentation 87, 116
Projektideen 20
Projektkalender 54
Projektkontrolle 77, 115
Projektkostenplan 60
Projektlandkarte 37
Projektleiter 13, 18
Projektlernen 118
Projektmanagement 11
Projektmanagementhandbuch 119
Projektmanagementmethoden 12
Projektmarketing 72, 117
Projektmeetings 107
Projektmitarbeiter 19, 71
Projektorganisationsformen 27
Projektpräsentation 117
Projektsitzungen 108
Projektskizze 23
Projektstart 20
Projektsteuerung 77
Projektstrukturplan (PSP) 41
Projektstrukturplanung 38
Projektteam 19
Projekttypen 17
Pufferzeit 49

Q
Qualität 82
Qualitätsmanagement-System 119
Qualitätssicherung 87

R
Reine Projektorganisation 31
Ressource 57
Ressourcenart „Arbeit" 67
Ressourcenarten 67
Ressourcenart „Kosten" 68
Ressourcenart „Material" 68
Ressourcen-Belastungs-Diagramm 58
Risiko 16
Risikobewertung 62
Risikomanagement 61
Rückwärtsrechnung 50

S
Sachebene 93
Sachmittel 57

Sammelvorgänge 65
Scheinvorgänge 52
Sender-Empfänger-Modell 91
SMART-Formel 35
Soll-Ist-Vergleich 78
Soll-Korrekturen 86
Spätester Anfangszeitpunkt 49
Spätester Endzeitpunkt 49
Sprungfolge (Anfang-Ende-Beziehung) 54
Stabs-Projektorganisation 27
Stakeholder 19
Stakeholderanalyse 37, 72
Steuerungsgremium 19
Steuerungsmaßnahmen 85
Storming 105

T
Teambuilding 103
Teamentwicklung 104
Team-Uhr 104
Teilprojekte 41, 71
Teilprojektleiter 18
Terminliste 54
Terminsituation 80

U
Überlappungen 52
Ursachen von Konflikten 99

V
Verantwortungsbereich des Projektleiters 71
Verhaltenskompetenz 13
Vier-Ohren-Modell 94
Vorgänger-Nachfolger-Beziehungen 46
Vorgangsdauer 47
Vorgangsliste 46
Vorwärtsrechnung 50

W
Wartezeit 52

Z
Zehnerregel der Fehlerkosten 78
Zeitliche Befristung 16
Zeitpuffer 48
Zielbeziehungen 36
Zielhierarchie 33
Zielklassen 33
Zielplanung 33
Zielstruktur 33
Zielvorgabe 15
Zusammenarbeit, interdisziplinäre 14